JN071666

人生遅咲きの時代

ニッポン長寿者列伝

久恒啓一［編著］
Hisatsune Keiichi

日本地域社会研究所

コミュニティ・ブックス

まえがき

百寿者、センテナリアン

100年を生きた人を日本では、百寿者と呼びますが、欧米では1世紀を生き抜いたという意味で、センテナリアンと呼ばれ尊敬されています。「人生100年時代」は、国としてのコスト増大と個人に関わるリスクの視点からしか語られていないのではないかと思います。最近、ジェロントロジーという概念も語られるようになってきました。高齢化社会工学と訳すべき言葉ですが、高齢者の社会参画をキーワードに社会の再構築を設計しようとする思想です。人生観が旧来のままであるから、混迷が深まっているのでしょう。新しい時代には新しい「人生観」が必要です。

長生きは社会にとってはコストが大きい、個人にとってはリスクが大きいという話ばかり先行しているのは間違っていると思っています。お金などの個別の問題について考えることから始めるのではなく、まず、自分の人生の捉え方を決めるところから始めることが大事です。

むしろ後半生はチャンスと捉えるべきであると思います。それまでできなかったことができるようになる実りの時期を迎えるからです。いまだに孔子の人生訓である、40歳は「不惑」、50歳は「知命」という古い人生観から抜け出せないままでは飛躍はできません。

人生100年時代は「新・孔子の人生訓」でいこう

中国の孔子は「志学（15歳）・而立（30歳）・不惑（40歳）・知命（50歳）・耳順（60歳）・従心（70歳）」という人生訓を述べました。その考え方が2000年以上の年月を経ても、私たちに影響を与えているのです。人生80年時代といわれた頃から、私は人生50年時代の孔子の人生訓から脱却すべきだと述べてきました。孔子のいう年齢を1・6倍して考えたらいい。この考えで整理すると、24歳から48歳が青年期、48歳から64歳が壮年

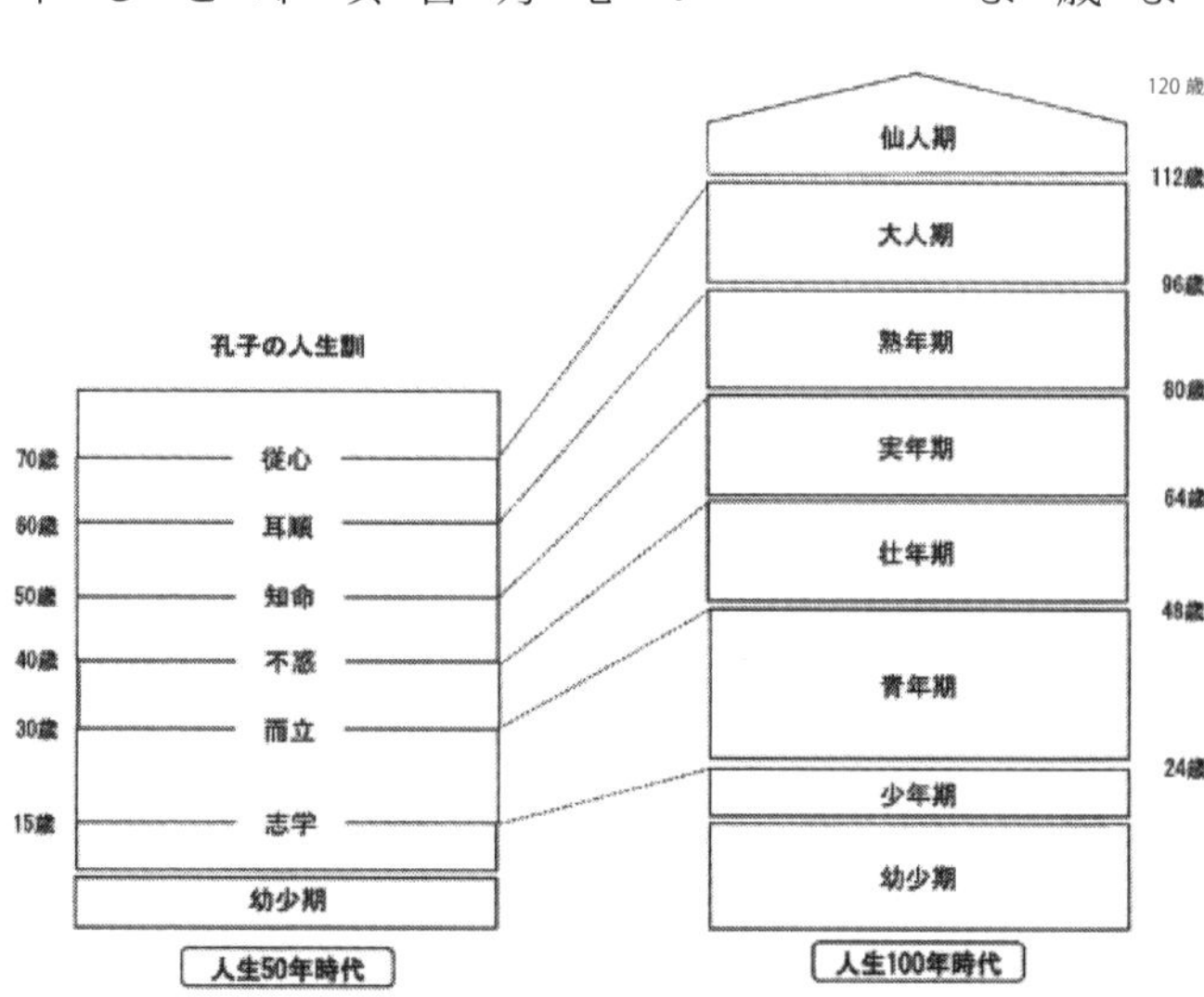

期、64歳から80歳が実年期、そして80歳から96歳が熟年期、96歳から112歳が大人期（たいじんき）、120歳までは霞を食って生きる仙人期という見立てです。この人生観、人生区分が、人生100年時代を迎えようとしている今、リアリティが出てきたと考えています。

これに従うと、仕事のキャリアは青年期、壮年期、実年期と3期あり、職業は3つ経験できることになります。これを前提としてこれからの仕事や生活について考えると、今やるべきことが見えてきます。

学校を出て25歳からようやく青年期に入り、40代後半から50歳前後で壮年期に入っていく。壮年期を終えるのは年金世代となる60代半ば。それ以降は実年期で、80歳で終える。こうなると人生二毛作、二期作どころか、職業を3つ経験することができる。キャリアは3期あるのです。その後も、熟年期、大人期、仙人期と3期あり、人生は大人になってから6期あるということになります。「キャリア3期・人生6期」という考え方革命です。

孔子の人生訓の呪縛から脱却して、人生100年時代にふさわしい人生観を持ちたいものです。これを「新・孔子の人生訓」と呼びたいと思います。

この本で紹介した長寿の人たちは、熟年期を経て、90代半ばから110歳あたりまでの「大人期」まで生きた人がほとんどです。「前向きな人」「続ける人」「遅咲きの人」「ひとすじの人」

「きわめた人」「テーマ追い人」「みがく人」「気概の人」「健やかな人」「天寿の人」「スーパー・センテナリアン」と分類し、享年が高い順番に並べています。

人生100年時代を先取りした先人たちの壮絶な人生の軌跡と人生観は、私たちに勇気と希望を与えてくれることでしょう。

公人、私人だけでなく、個人を大切に

会社では課長や部長などの肩書きで呼ばれ、家庭ではお父さんやお母さんなどと呼ばれることが多いですが、これらの立場には「個」が抜けています。人生は個人としての自分である「個」、会社員としての自分である「公」、夫や父親、妻や母親などとしての「私」の3つで成り立っています（下図参照）。このうち「個」を大切にし、育てていくと、ほか

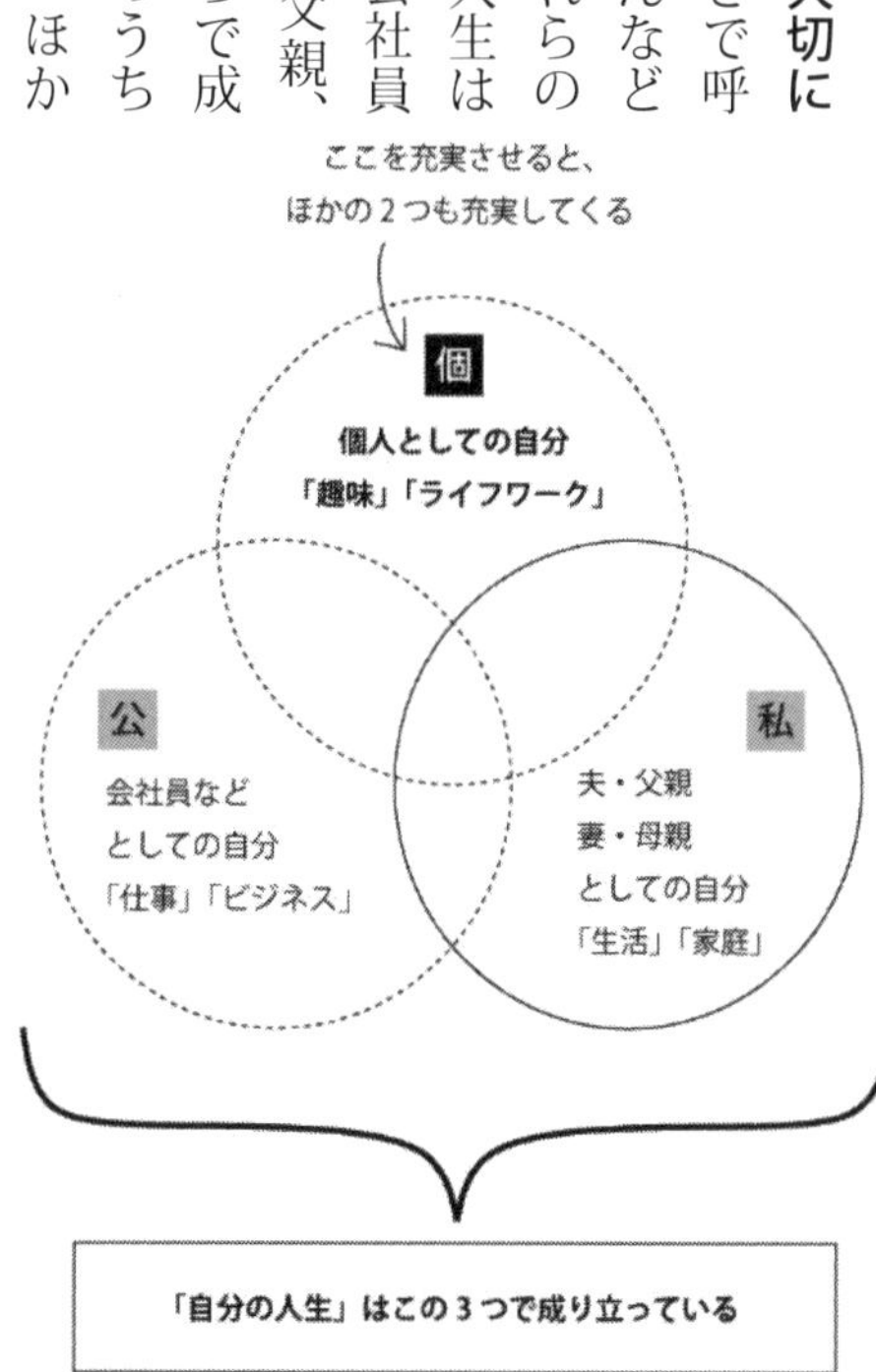

の2つも充実してくるのですが、そうではない人が多い。「個」を大切にしないと、仕事やプライベートでも迷いや悩みが多くなってしまいます。

人生は自由を求める旅である――カネ・ヒマ・カラダ、そしてココロ

私は人生は豊かさ、言い換えれば自由の拡大を求める旅だと思っています。肉体的自由である健康を土台に、経済的自由と時間的自由を得て、最終的に精神的自由を求める旅なのです。精神的自由とは、やりたくない仕事をやらない自由、会いたくない人とは会わなくていい自由です。

ただ、カネとヒマは相反するものです。若く働き盛りのときはカネがあってもヒマがない、年を取るとヒマはあってもカネがないと、年齢によって変化します。転職すると給料が減ることもある。私はビジネスマンであり、大学の教授になれない可能性もあり、企業を辞めるのは一大決心でしたが、生活を重視するのか、自分のやりたいことをやるのかを考えて決めました。

その結果、給料が減って経済的自由という面では「負け」ましたが、時間と精神の自由を得ました。体力的な部分は自分しだいであり同じですから、自由の拡大という意味では2勝1敗1引き分けです。家内も不安はあったようですが、今は47歳のときに会社を飛び出してよかっ

たと思っています。やはり、新しい仕事というのは、エネルギーが湧くものですから。

転職など節目を迎えたとき、この図を見ながらどこに重点を置くかを考えれば、頭の中が整理できるのではないでしょうか。最近、副業が勧められているようですが、経済的な面だけでなく、違う世界を見ることは、自分の軸をどこに定めるかを見極めるためにも大事です。

私はビジネスマン時代、梅棹忠夫先生が顧問を務める「知的生産の技術」研究会に入ってさまざまな活動をして、仕事と別の自分の軸を見つけて「図解コミュニケーション」の理論と技術を磨くことを

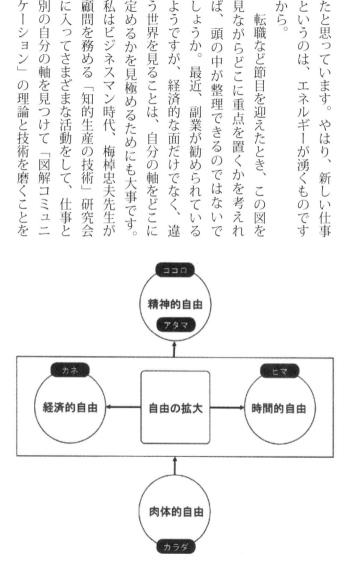

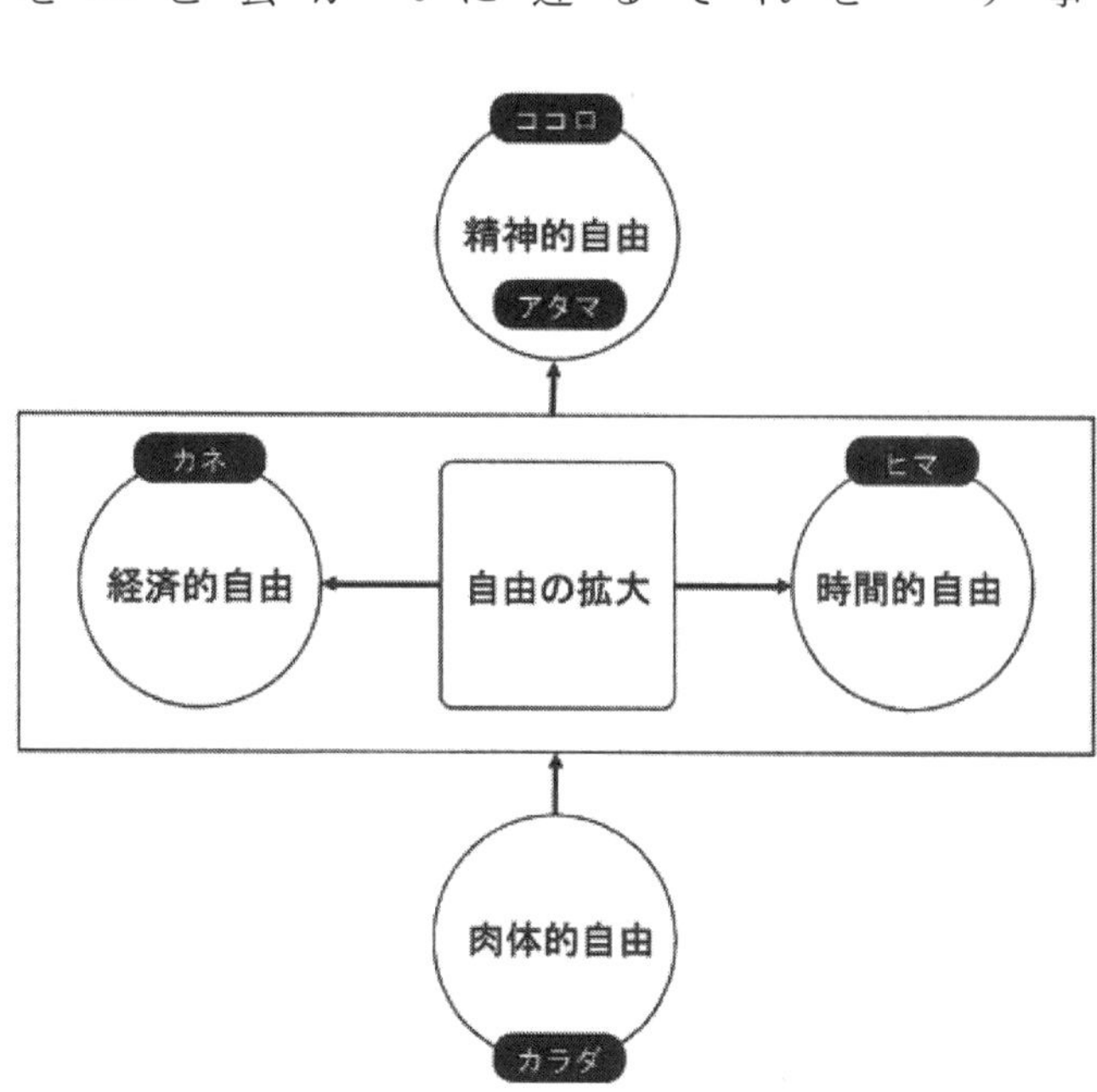

ライフワークとしていました。

教養のある人

仕事以外の教養が大事だとよくいわれます。それはなぜでしょうか。たとえば、歴史や地理という教養を身に付ければ、今は歴史上のどの地点にいるのか、日本は世界、あるいはアジアの中でどんな状況に置かれているのかということが分かり、時代の課題が見えてくる。すると、会社での課題も自分にとっての課題もおのずと見えてくるのです。したがって、教養人とは「今日は何をなすべきか」を毎日自分に問い続けている人だと考えています。

反対に、歴史や地理を学んでいない人は、自分の立ち位置がわからない。すると、今日何をなすべきかもわからない。大学では、人文科学、社会科学、自然科学という分野について勉強しますが、これらをバランス良く学ばないと自分の立ち位置がはっきりしてきません。学生に「なぜ勉強しなければいけないんですか」と問われると、「自分がどこに立っているか、わかるようになるからだ。若いうちに学ばないと、大人になってから自分の人生のテーマが決まらないよ」と言うのですが、みな納得してくれます。常に学び続けていないと、これから先の自分の進むべき道が見えてこないのです。

「文明の生態史観の旅」と「人物記念館の旅」

私は大学時代、探検部で活動をしました。今も海外については探検の先達である梅棹忠夫先生の名著『文明の生態史観』に書かれた思想を確認する旅をすることにしています。

一方、国内旅行をするときのテーマをどうするか。よくあるのは温泉やグルメの旅ですが、それだけでいいのだろうか。そんなとき、正月に出身地の大分県中津市に帰り、福沢諭吉の記念館に行きました。２００５年、55歳のときです。

実は福沢諭吉はあまり好きではありませんでした。子どものころ、朝から晩まで福沢諭吉は偉かったという話ばかりされて、いやになってしまったんです。ところが改めて記念館に行ってその足跡をたどると、やはり偉い人だったと気づかされた。

それ以来、人物記念館を訪ねることをテーマに国内の旅を始めました。企画展も含めて年間約60館のペースで人物記念館や人物展を巡り、累計で９００館を数えるまでになりました。14年ほどの、このもう一つのライフワークで得た知識は、独自の情報源になっています。

偉い人とは、影響の力の大きい人——深く、広く、長く

この旅を続けた結果、日本の近代には偉い人が多いということが改めて分かりました。ここ

で言う偉い人とは、影響力が大きい人です。深い影響×広い影響×長い影響。この影響の「体積」が大きい人は偉い人だと思います。この考え方で言うと、近代で一番大きいのは福沢諭吉であり、もう一人は経済界の渋沢栄一です。

また、偉人には遅咲きの人が多く、苦労や失敗が多いことも分かりました。環境に恵まれない人も多く、小学校しか出ていない人やとても貧しかった人も多い。さまざまな障害がある中でこれだけのことをしたのかと思うと、励まされます。日本の近代にはそうした偉人がとてもたくさんいます。その人生をたどることは自分の人生を改めて考えるきっかけになりますし、とても多くのヒントを与えてくれます。じわじわと積み上げながら人生を歩んだ遅咲きの人に学ぶ点はたくさんあります。

遅咲きの時代

小説家の新田次郎は気象庁の職員から作家になった人で、第二の仕事で大変多くの著作を残しました。宮脇俊三は編集者を辞めてライフワークの鉄道旅行に没頭し、ベストセラーを連発しました。

徳島県でたまたま入った徳島県立鳥居龍蔵記念博物館で知ったのが、鳥居龍蔵です。考古学、人類学の研究者で1870年生まれ。小学校を中退して独学で学び、1905年に東京帝国大学講師となり、助教授にまでなりました。国内はじめ台湾や中国遼東半島、モンゴルなどを調査し日本の人類学研究の先駆者として大きな業績を残しています。

自叙伝『ある老学徒の手記』には、「私は学校卒業証書や肩書で生活しない。私は私自身を作り出したので、私一個人は私のみである。私は自身を作り出さんとこれまで日夜苦心したのである。されば私は私自身で生き、私のシムボルは私である」という言葉があります（同書「結語」より）。

この本の解説に「氏の知識は、与えられたものよりも、みずから得たものが大部分である」というくだりがあります。こういう姿勢が、「基準をはずれた、いわば規格外の人」（同解説より）を生み出したわけですが、こうした独学の姿勢は何歳になっても大事です。

永田耕衣という俳人。城山三郎の『部長の大晩年』という小説で描かれた人です。1900年生まれの永田は三菱製紙高砂工場に勤務、55歳で定年になりましたが、最後のポストは製造部長兼研究部長でした。会社員のかたわら俳人としての活動を続け、会社員を辞めてから40年以上、90歳を超えた最晩年まで俳人として活躍しました。記念館はないと思いますが、その人生から学ぶことも多いです。

「大したこととは、一身の晩年をいかに立体的に充実して生きつらぬくかということだけである。一切のムダを排除し、秀（すぐ）れた人物に接し、秀れた書をよみ、秀れた芸術を教えられ、かつ発見してゆく以外、充実の道はない」。永田耕衣のこの言葉には励まされます。

陶芸家の藤原啓。備前焼の人間国宝ですが、備前焼を始めたのは40歳くらいのときでした。1899年、岡山県に生まれ、若いころは文学の道を目指し東京に出ましたが、志は果たせず故郷に帰り、それから陶芸の道を歩み始めました。人間国宝に認定されたのは71歳のときです。身近にも「偉い人」はいます。私の母は92歳で、43歳くらいから短歌を始めました。60歳のとき、夫が脳溢血（いっけつ）で倒れて、それから16年間面倒を見ていました。その間もずっと短歌を続け、地元の同人誌『邪馬台』に「万葉集の庶民の歌」という連載をしていました。これがあったから父の介護もできたのです。

今は、万葉集や短歌について教える先生として、地元で弟子たちに囲まれ、尊敬される存在になっています。こういう人生は最高だなと思います。学校の先生は職業として先生と呼ばれていますが、母は弟子たちから尊敬されているから尊敬を込めて先生と呼ばれているのでしょう。これこそ、人生100年時代のモデルだと思っています。身近な人にも、学ぶ人はたくさんいると思います。

遅咲きの人の共通点

遅咲きの人の共通点、それはいつも「今から」と考えているということです。言い換えれば、いつでも年を取ったとは思っていないということ。若い人の中にも「年を取った」と口癖のように言う人がいますが、やることがある人はそんなことは言いません。

反対に、後半生がいまひとつぱっとしない人の共通点。それは、自分は功成り名遂げたと思っている人です。「自分はすでにピークは迎えた」と思っている人。後半生が元気な人は、自分のピークはまだ先にあると思っている人です。

私の福沢諭吉に対する見方が大きく変わったように、自分の年齢によって人物の見方も変わってきます。年を重ねて人間を見る目が昔よりできてくると、人物の評価も変わる。知っていると思っている人でも、また新しい発見があります。

この本では、平成時代を送る意味で、平成時代に亡くなった「偉い人」81人を紹介しています。参考になれば幸いです。

久恒啓一

目　次

長年の間に亡くなった人で、自分にとって印象に残っている人たち、お世話になった人とかいろいろいろ、つまり私にとって大切な、特別な人たちですが、その名前をずうっと言っていくのです。今、二百人くらいになっているかな

宇野千代（1897年11月28日〜1996年6月10日・98歳）作家 …… 44
私には年齢という意識がなかった

塩月弥栄子（1918年4月4日〜2015年3月8日・96歳）茶道家 …… 47
「どうにかなる」という確信と、「どうにかする」と思う行動力があれば問題は解決します

小森和子（1909年11月11日〜2005年1月8日・95歳）映画評論家 …… 49
ダメならダメでしょうがない。まずは思った通りにやってみよう。そんな度胸のよさが人生を切り開いてくれることもあるのね

第二章　続ける人 …… 53

片岡球子（1905年1月5日〜2008年1月16日・103歳）日本画家 …… 54
最初は下手でも結構。でも絶対に止めないで続けること。やれば必ず芽が出ます

大野一雄（１９０６年10月27日～２０１０年６月１日・１０３歳）舞踏家……56
成長するっていうことは、螺旋状にずうっと、だんだん天に近づいていく
岩谷直治（１９０３年３月７日～２００５年７月19日・１０２歳）実業家……58
事業というものは植林と同じです。苗を植えて肥料をやり、草をむしり、丹精を込めて育てなければいけない
高木東六（１９０４年７月７日～２００６年８月25日・１０２歳）作曲家……61
後悔していることがある。それは、この八十年、無精をして日記をつけなかったということだ
奥村土牛（１８８９年２月18日～１９９０年９月25日・１０１歳）日本画家……64
芸術に完成はありえない。夢はどこまで大きく、未完成で終わるかである
三浦敬三（１９０４年２月15日～２００６年１月５日・１０１歳）プロスキーヤー……66
好きなことだけ自然体で続ける
新藤兼人（１９１２年４月22日～２０１２年５月29日・１００歳）映画監督……69
私は仕事をして生きてきた。その仕事の中に私自身が含まれていると私は思います。仕事とは、私であり続けること、私とは何かを考え続けることなんです

第三章 遅咲きの人 …… 75

団藤重光（1913年11月8日〜2012年6月25日・98歳）法学者……85
死刑の存続は一国の文化水準を占う目安である
永田耕衣（1900年2月21日〜1997年8月25日・97歳）俳人……87
大したことは、一身の晩年をいかに立体的に充実して生きつらぬくかということだけである。一切のムダを排除し、秀れた人物に接し、秀れた書を読み、秀れた芸術を教えられ、かつ発見してゆく以外、充実の道はない
芹沢光治良（1896年5月4日〜1993年3月23日・96歳）小説家……89
僕も四十九年の老年を迎えた。もう金のことや生活のことを考えないで、ほんとうのよい仕事をしたい
井伏鱒二（1898年2月15日〜1993年7月10日・95歳）小説家……92
花に嵐のたとえもあるぞ　さよならだけが人生だ
三鬼陽之助（1907年8月3日〜2002年10月5日・95歳）経済評論家……94
人生は晩年の方が充実する。過去の失敗から知恵が、それまでの蓄積から先見力が生まれるからだ

第四章　ひとすじの人 …… 97

第六章　テーマ追い人

山田五十鈴（1917年2月5日〜2012年7月9日・95歳）女優……168
緻密な観察力と、たくましい創造力

第七章　みがく人……171

中川牧三（1902年12月7日〜2008年3月18日・105歳）テノール歌手……172
好きなことをしているうちに、100年たってしまった。うかうかしているんでしょうけど
島田省吾（1905年12月13日〜2004年11月26日・98歳）俳優……174
100歳までは、新国劇の演目でひとり芝居をやる。内館さん、そこでだ。101歳のひとり芝居、新作を書いてくれないか
森　信三（1896年9月23日〜1992年11月21日・97歳）哲学者・教育者……176
人はすべからく、終生の師を持つべし。真に卓越する師をもつ人は、終生道を求めて歩き続ける。その状あたかも、北斗七星をのぞんで航行する船の如し

第八章　気概の人

第九章　健やかな人

第九章　健やかな人……195
成田きん（1892年8月1日～2000年1月23日・107歳）長寿者……196
老後の蓄えにします
塩谷信男（1902年3月24日～2008年3月14日・105歳）医師……198
人生、いまだ途上なり……
三輪壽雪（1910年2月4日～2012年12月11日・102歳）陶芸家……199
健康第一。体調は作品に表れるので、体調の悪いときにいくら頑張っても良いものはできん。健康は基本じゃ
三笠宮崇仁（1915年12月2日～2016年10月27日・100歳）歴史学者……201
人生というものはおもしろいものである。一喜一憂すべきではない
安西愛子（1917年4月13日～2017年7月6日・100歳）声楽家・政治家……204
朝はどこから来るかしら　あの空越えて　雲越えて　光の国から　来るかしらいえいえ　そうではありませぬ　それは希望の　家庭から　朝が来る朝が来る
横田喜三郎（1896年8月6日～1993年2月17日・96歳）国際法学者……206
いやはや長生きすれば、新しいことを聞く

第十一章　天寿の人

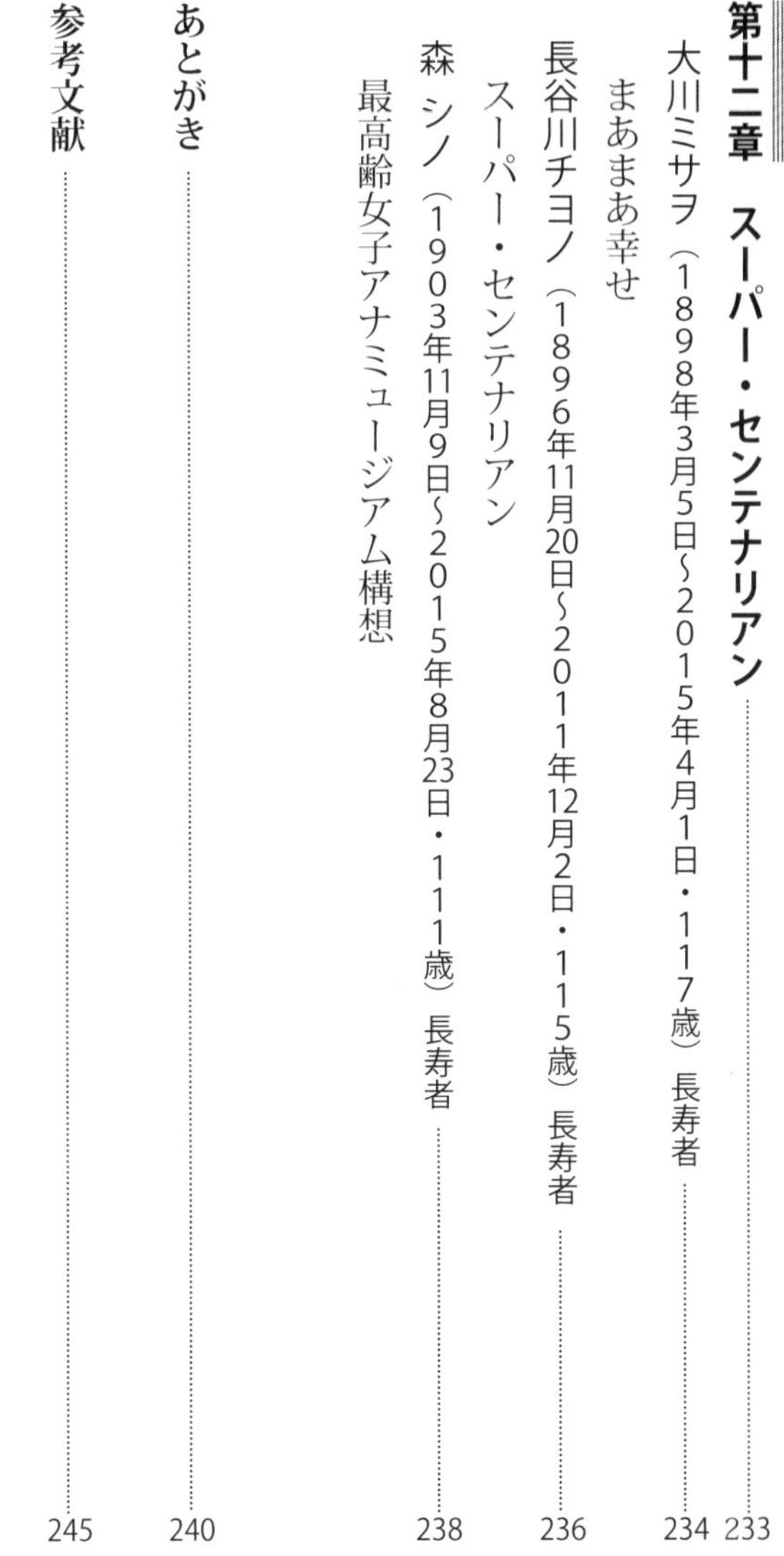

第一章

前向きな人

昇地三郎　１０７歳　（１９０６年8月16日～２０１３年11月27日）

「オシャレをしなくなった日から老いが始まる」

教育者、教育学者。

教育学・心理学・精神医学が専門。私財を投じて日本初の知的障害児通園施設、しいのみ学園を設立、運営した。

ただいま１００歳～今からでも遅くはない～：10代、親の言うことを聞こう。20代、まず「やってみる」。良い配偶者を得る。30代、子育ての時代。親子で希望の星を求めよう。40代、最も花の咲く時期。勝負をせよ。50代、人生の最高の時。60代、飛躍の時。自分の学問・実績を広げよう。70代、70くらいで屈してはならない。自分を鍛えよう。80代、半分の40代のつもりで頑張ると気力が出てくる。90代、今からでも遅くはない。15歳の意欲でいよう。１００歳、Go ahead!　前進、また前進。

昇地三郎の十大習慣健康法：一、まず笑顔。二、冷水摩擦。三、棒体操。四、祈る。五、一口三十回噛む。六、ラジオ講座を聞く。七、新聞を読む。八、口八丁手八丁足八丁。九、日記を書く。十、背骨を伸ばして寝る。

十大教育原理：一、活動の原理。揺さぶる、刺激を与えて反応させる。二、興味の原理。あら、何かしら、という興味を引き出す。三、許容の原理。叱らない教育。四、賞賛の原理。褒めて伸ばす。五、自信の原理。達成の喜びを経験させる。六、予見の原理。先を見る。七、変化の原理。マンネリズムを避ける。八、集中の原理。ここぞという時にはやり遂げさせる。九、共在の原理。先生と子供がいつも同じ空間にいる。十、体感の原理。スキンシップ。

「降りかかってきた禍を『困った、困った』と逃げ回っていると、どこまでも追い掛けてくる。それを、試錬と捉えて『来るなら来い』と立ち向かっていけば、禍が逆に幸福の種になるのです」

しいのみ学園の昇地三郎は奇抜な格好をしていたが、それは意識したアンチエイジングだったのか。十大習慣健康法、十大教育原理など、この人の前向きの人生の言葉に耳を傾けたい。

金原まさ子　１０６歳　（１９１１年2月4日〜２０１７年6月27日）

「自己保身、我が身たいせつ、一人でコツコツ。気がついたら１０２歳」

俳人。

関東大震災は12歳で遭遇。49歳から句作を始める。73歳から１０２歳まで、句集は４冊。１９７０年、桂信子主催の『草苑』創刊同人、１９７３年、草苑しろがね賞を受賞、１９７９年、草苑賞を受賞。２０１０年、第三句集『遊戯（ゆげ）の家』を99歳で出版。２０１４年、句集『カルナヴァル』で第69回現代俳句協会賞特別賞を受賞。

１００歳でブログを始める。１００歳になって「金原まさ子百歳からのブログ」をはじめ、ほぼ毎日1句を更新。２０１３年2月、ブログでの発表句「エスカルゴ三匹食べて三匹嘔（は）く」などを収めた第4句集『カルナヴァル』、4月にエッセイ集『あら、もう１０２歳』を出版。このエッセイを面白く読んだ。以下、私の気に入った句。

「厚物や老女の化粧秘めやかに」「花合歓やひる逢ふ紅はうすくさし」「百万回死にたし生きたし石榴食ふ」「バラ風呂に首ひとつ浮き向こうむき」「ずぶずぶと麦とろを食う星月夜」「闇汁から眼球ひとつ煮こぼれて」「金鳳花たべちらかして髑髏かな」「おっぱいに痴れ痴れて寝る

赤子かな」

「カンペキは目指さず、ベストを尽くす」という主義で、「自己保身、我が身たいせつ、一人でコツコツ」生きていて、階段の上り下りは１０５歳10カ月まで自由だった。そして１０６歳の充実した長寿を全うした。心身をいたわり、やりたいことをコツコツ続けることだ。年齢を忘れよう。

加藤シヅエ　１０４歳
（１８９７年3月2日〜２００１年12月22日）

「1日10回感動すること。それが長生きの秘訣です」

婦人解放運動家・政治家。

東京の富裕な実業家の娘。女子学習院中等科卒業後、石本恵吉男爵と結婚。石本は三井三池炭鉱に赴任し悲惨な労働者の実態をみる。２人の幼子を残しアメリカに渡った夫を追い渡米。産児調整運動のマーガレット・サンガーと出会い、日本での運動を決意し、日本での産児調節運動をスタートさせ、日本産児調節婦人同盟を設立し会長に就任。夫は満州で音信不通になり離婚。「火の玉勘十」と呼ばれた労働運動の加藤勘十と結婚。48歳で長女多喜子を出産。1946年の衆議院選挙で初当選し、日本社会党に入党。優生保護法を成立させる。1950年参議院議員に当選し、1974年の引退まで参議院議員であった。成田空港反対闘争にも参加。2001年死去、享年104。

『百歳人、加藤シヅエ 生きる』(NHK出版)が日本エッセイストクラブ特別賞。若月俊一賞。東京都名誉都民。

「いったん口にしたことは必ず実行するのが母のやり方だ」とみていた娘の加藤タキは、『加藤シヅエ 104歳の人生』(加藤シヅエ・加藤タキ)で97歳で新進党結党大会で演説するなど、100歳を超えても健康で、テレビや雑誌にひっぱりだこになった、と語っている。加藤タキは友人の渡辺幸弘さんのパーティで一度お見かけしたことがある。

「毎日をつつがなく歩み続けていたら、自然と100年がたってしまった」「健康な思考力をもって生きていれば、いくつになろうと関係なく、日々何かを学んだり感じたりしながら、生き続けていくことができる」「何か使命感を持つこと。……老いの痛みにどうにか耐えていくことができる」

１０２歳でがんの手術をする。見舞いに来た日野原重明先生から、「この病院（国立がんセンター）はじまって以来、最高齢の方の手術が、こんなにうまくいって、本当によかった」と手を握って喜んでくれたそうだ。

新渡戸稲造『武士道―日本魂』で社会問題に目を開かれた、センテナリアン・加藤シヅエの遺言は、「もう一度、品位のある信頼される日本人に、日本になってもらいたい」だった。現代を進歩と無気力の時代ととらえ、知的進歩とともに日本の道義的成長を願ったのだ。

生活の中の小さなことの中にも、感動の種はたくさんあるとし、頭と心をフル回転させた聖なる生涯であった。

柴田トヨ　１０１歳

（１９１１年６月26日〜２０１３年１月20日）

「人にやさしくする。そして、やさしくしてもらったら忘れない。これが百年の人生で学んだことです」

詩人。

裕福な米穀商の一人娘だったが、10代のころに家が傾き、料理屋などに奉公に出る。33歳で結婚し、翌年男児が誕生。90歳を過ぎてから詩作を始め、新聞に投稿を続ける。２０１０年に詩集『くじけないで』を上梓しベストセラーになる。韓国、台湾、オランダ、イタリア、スペインでも翻訳出版されている。

70歳を過ぎてから踊りを習う。何かを始めたら、人に教えられるくらいまでやる。「何かをつかんだら、一生懸命やる。それが私なんだ」。

人生の浮き沈みが激しいが、トヨの乗った船はひっくり返らない。無事に過ごしてこれたのは「何でも一生懸命にやる質（たち）だったからかも知れません」と誠実に生きることが大事だと述懐している。

１００歳で出した第二詩集『百歳』は、「詩とファンタジー」「産経新聞」「ＥＳＳＥ」「いきいき」「サライ」などに掲載された詩をまとめたもので、今回じっくりと読み込んでみた。トヨの詩は「しまいのところ」でひとくくりつけるようになっている。しなやかな心から吹く風はあたたかい。

「やさしさ」という詩では「真実のやさしさ　手料理を　いただかせてください」、「流行」では「思いやりの症状が　まんえんすればいい」、「頁（ページ）」では「あと一頁と少しで百頁　鮮やかな色が　待ってるかしら」、「競馬」では「始めはビリでも　やれば一番になれる貴方だって　きっと出来るわ」、「思い出Ⅲ」では「あれから六十年　今は一人の生活　でも私には　思い出がある」、「倅にⅣ」では「さあ　笑顔を見せて」、「がまぐち」では「お金は貯まらなかったけれど　やさしさは　今でもたくさん入っている」、「百歳」では「百歳のゴールを胸を張って駆け抜けよう」、「自分にⅡ」では「さぁ　顔をあげて　空を見ましょう」。

埼玉県警に「振り込め詐欺防止ポスター」への言葉を頼まれている。「振り込め詐欺犯さんに」では「弱い人たちを　苦しめないで　その知恵を　良い事に使ってください」、「貴方に─振り込め詐欺事件、被害者の方に」では「貴方には　貴方を心配してくれる　家族が居るじゃありませんか　ねえきっと　いい風が吹いてきますよ」。

産経新聞と読売新聞には3・11の被災者に向けて詩を書いている。最後は「朝はかならずやっ

てきます　くじけないで！」と「不幸の津波には　負けないで」だ。

２０１３年11月に柴田トヨの半生を描いた映画『くじけないで』が公開された。トヨ役は、八千草薫、檀れい（若い頃）、芦田愛菜（幼少時）が演じている。

90歳を過ぎてから詩作を始め、98歳で処女歌集が１５０万部を超える大ベストセラーとなり、引っ張りだこになり、２０１１年に１００歳で第二詩集『百歳』を刊行し、同年１０１歳で亡くなる。この人ほど遅咲きの人はいない。その人のやさしい言葉が困難を抱え苦しむ人たちの心に届いたのだ。

「あふれるような気持ちを詩にして、人生の終わりに花を咲かせることができました」。人生の最後に大きな花を咲かせた柴田トヨは、百年の人生で培ったやさしい心を、やさしい言葉で語り、多くの人を励ました人だ。

金子兜太　98歳　（1919年9月23日〜2018年2月20日）

「長年の間に亡くなった人で、自分にとって印象に残っている人たち、お世話になった人とかいろいろいろ、つまり私にとって大切な、特別な人たちですが、その名前をずうっと言っていくのです。今、二百人くらいになっているかな」

埼玉県出身の俳人。

加藤楸邨に師事、「寒雷」所属を経て「海程」を創刊、主宰。戦後の社会性俳句運動、前衛俳句運動において理論・実作両面で中心的な役割を果たし、その後も後進を育てつつ第一線で活動。上武大学文学部教授、現代俳句協会会長などを歴任。現代俳句協会名誉会長、日本芸術院会員、文化功労者。小林一茶、種田山頭火の研究家としても知られる。

日銀で定年まで仕事をしながら俳句に打ち込み、55歳で定年を迎えてからが本当の人生となる。60歳で朝日カルチャーセンターの講師を師の加藤楸邨から譲られ、俳句生活が本格的に始まる。64歳、現代俳句協会会長。68歳、朝日俳壇選者。69歳、紫綬褒章。89歳、文化功労者。91歳、毎日芸術賞特別賞、菊池寛賞。反戦の思い強く2015年には、いとうせいこうとともに中日新聞、東京新聞の「平和の俳句」選者をしている。

銀行員等朝より蛍光す烏賊のごとく
彎曲し火傷し爆心地のマラソン
酒止めようかどの本能と遊ぼうか

座右の銘は一茶の「荒凡夫」。自由で平凡な男を意味している。一茶の「天地大戯場」という言葉が好きだった。「定住漂泊」の系譜に自分はいる、定住して漂泊心を温めながら屹立していこうとしていた。

金子兜太は人間の幸せというのは、煩悩のまま、欲のまま、本能のままに生きていくことであり、それこそが最高の自由だという。金子兜太のテーマは、自由にある。そして人間の実存とは、流れること、流動、しかしその都度、立場を明確にしていくことだ。

そういう価値からは、孔子ではなく老子、芭蕉ではなく一茶に、惹かれる。近代では斉藤茂吉。そして種田山頭火、井上ひさし、小沢昭一、山田洋次などがその系譜に連なっている。

金子兜太『語る兜太―わが俳句人生』中に、日航財団「地球歳時記」という項がでてくる。日航がネットワークを生かして世界中の子どものＨＡＩＫＵ（絵がついている）を2年毎の万博で披露する活動である。この中に、「アララギ」の歌人の柴生田稔の長子、柴生田俊一という「異才、異能」の人が地球歳時記というコンセプトをまとめたと紹介されている。このプロジェクトに貢献した詩人のジャック・スタム、作家の江国滋、早稲田大の佐藤和夫らが紹介されている。彼らには私も接触していたから、金子兜太にも夜の俳人たちの会合で会っている気もする。当時は60代後半であっただろう。この柴生田さんは広報課長で私は部下として仕えていた。「日航一の文化人」であった柴生田さんと私は気が合って実に楽しく仕事をした。私が後任となった後も、日航財団の主要プロジェクトとして続け成功した。一企業が日本文化をテーマとした活動を成功させたとして当時から評価が高かった。

金子兜太は50代半ばから日記をほぼ毎日書くようになった。日記はやめないというより、やめられない。癖になっている。「私にとって日記が唯一の財産」となる。

冒頭の言葉は毎朝唱える「立禅」と自ら呼んだ方法である。坐禅ではなく立って行なう。縁のあった人々を思い出しながら生きていることに感謝する儀式だ。最後は、両親と妻の皆子さん、それに飼っていた犬猫で終わるとか。金子兜太は「長寿への意志」をはっきりと持って生きていた。この快老人は95歳では確か「百五才を目指す」と宣言していたのだが、98歳で逝去。１００歳にわずかに届かなかった。

宇野千代　98歳
（1897年11月28日〜1996年6月10日）

「私には年齢という意識がなかった」

大正・昭和・平成にかけて活躍した小説家、随筆家。

宇野千代「生きていく私」（角川文庫）を読了。自由奔放に99年の人生を生きた宇野千代の自伝。85才のときの執筆だ。４回の結婚、13回の自宅建築……。人生を肯定した楽天的生き方に感銘を受ける。

以下、人生観と仕事観。

・（失恋）いつのときでも、抗うことなく、自分の方から身を引いた。
・泥棒と人殺しのほかは何でもした。
・小説は誰にでも書ける。それは、毎日毎日坐ることである。
・私はいつでも、自分にとって愉しくないことがあると、大急ぎで、そのことを忘れるようにした。思い出さないようにした。そしてまったく忘れるようになった。これが私の人生観……。
・私の書くものは、ほんの僅かしかない。とことんまで手を入れるのが癖であるから、それほど、可厭（いや）になるものは書いていない。

・私は、どんなときでも、どんなことでも、それが辛い、苦しいこととは思わず、愉しい、面白い、と思うことの出来る習慣があった。

・私は、辛いと思うことがあると、その辛いと思うことの中に、体ごと飛び込んで行く。

・何ごとかに感動すると、すぐに行動しないではおられないのが、私の性癖であった。

・何事かをし始めると、狂気のようになるのが、私の性癖であった。

・何でも面白がるのが、私の癖であった。

・私は一二、三年前から、足を丈夫にするために、毎日、1万歩歩くことを始めた。

・一かけらの幸福を自分の体のぐるりに張りめぐらして、私は生きていく。幸福のかけらは、幾つでもある。ただ、それを見つけ出すことが上手な人と、下手な人とがある。幸福とは、人が生きて行く力のもとになることだ、と私は思っている。

・幸福は伝染して、次の幸福を生む。

・人間同士のつき合いは、この心の伝染、心の反射が全部である。……幸福は幸福を呼ぶ。

・小説を書くこと、きもののデザインをすること……どちらの仕事の内容も、それまでには全くなかったものを、新しく発見し、切り開いて行くと言うことでは、少しの違いもない。

・若さの秘訣というものがあるのかどうか……好奇心が旺盛である。……素早い行動……。男たちへの憧憬……。

・「人の世はあざなえる縄の如し」と昔の人も言ったが、誰の手が、その縄をあざなうのか、知ることも出来ないのである。

・自分の幸福も、人の幸福も同じように念願することの出来る境地にまで、歩いて行くのである。その境地のあるところまで、探し当てて歩いて行く道筋こそ、真の人間の生きて行く道標ではないか……。

交流があり66才で逝った平林たい子は、「私は生きる」と言ったのだが、99才という長寿の宇野千代は「生きていく私」と言う。この本では、宇野千代の66才のときから84才までは、214ページから373ページまでだ。人生のページというものがあるとしたら、213ページの平林たい子と、373ページに加え、さらに15年分は132ページであり、宇野千代の人生は505ページという盛大なものになるという計算になる。実に平林たい子の2・5倍の人生を生きたことになるのだ。まさに「生きていく私」というタイトルそのままである。

「角川文庫版に寄せて」（平成8年新春）には、この正月で数えの百才になったとあり、「あと4年ほど生きれば……明治、大正、昭和、平成と生きてきて、その上さらに21世紀が見たいとは我ながらなんとも呆れたものではないか」と書いている。宇野千代はこの年1996年(平成8年）に天寿を全うしている。最後まで元気だったということになる。

塩月弥栄子　96歳　（1918年4月4日～2015年3月8日）

「『どうにかなる』という確信と、『どうにかする』と思う行動力があれば問題は解決します」

茶道家、冠婚葬祭評論家。

千利休のひ孫たちが、それぞれ独立し、表千家、裏千家、武者小路千家に分かれて、茶の湯を伝えてきた。その裏千家の十四代家元の長女が塩月弥栄子である。裏千家のお嬢様を背負って順風の中を生きたのだろうと思うが、さにあらず、独立独歩の人だった。

荏原製作所の社主・畠山一清（即翁）の長男と結婚し、4人の子どもを残し家出を敢行し、三畳一間の間借りで自活を始める。貧しさより、自由が得られたという喜びを感じた。

1952年、再婚。茶道教室「養和会」を開き、最盛期は5000人いたのだが、顔と名前は全員覚えるようにしていた。1962年、NHK「私の秘密」の藤原あきの後任としてレギュラー回答者になり、広く知られる。

1970年には一大ブームをまき起こした『冠婚葬祭入門』（光文社、発行部数308万部）があり、シリーズ全体（全4冊）で約700万部の大ベストセラーとなり、同名でTVドラマ化、映画化もされた。この本のセンセーションは、わたしの記憶にもある。

「茶道こそ日本が誇る総合文化だ」と塩月弥栄子は確信している。茶の湯は点前の15分間に、過去400年分の日本の暮らしを展開させる。美しいもてなしと歴史を味わえる。茶の湯は禅の教えの「道」と、時代の「風俗」という両面を備えているとのことだ。

95歳時点で出した『塩月弥栄子95歳　思いのままに行きなさい』には、「わたくしね、120歳まで生きてまいります」と宣言しているのだが、実際には96歳で没している。最後まで意気軒高だった。

婚家に残してきた子どもたちとは一生一緒に暮らすことはなかった。当然のことながら、結婚式にも公式には招かれなかった。それも自分で蒔いた種だと悲しみを受け止めていた。「どうにかなる」という確信と「どうにかする」と思う行動力があれば問題は解決します、という経験から身につけた逞しさが、人生を花開かせたのだ。

塩月弥栄子は、メモ魔だった。どこに行っても、その先々で克明に土地の様子や見聞を書きためていた。メモ帳は数百冊以上にのぼっている。生涯で100冊以上におよぶ著書を出せたのは、このメモ帳のおかげだった。楽観、行動力に加えて、観察力と優れた習慣の積み重ねが塩月弥栄子を創ったのだろう。

小森和子　95歳　（1909年11月11日〜2005年1月8日）

「ダメならダメでしようがない。まずは思った通りにやってみよう。そんな度胸のよさが人生を切り開いてくれることもあるのね」

映画評論家、タレント。

『婦人公論』編集部を経て、菊池寛の『映画時代』編集部で仕事をし、その愛人となった。

京都では川口松太郎の愛人となる。32歳、神戸でOLをしていたころ知り合った小森一郎（NHK会長の息子）と結婚。1947年、淀川長治編集長の『映画の友』で仕事をする。48歳、離婚。1958年、単身渡米し大ファンであったジェイムス・ディーンの墓参。滞在中に檀一雄と恋愛関係になる。六本木でムービー・サロン「ココ」を20年にわたり主宰。1992年には、映画資料1万点を熊本の映画サークルに寄贈。人材育成費として松竹に3000万円を寄贈。

話を切り出す際の一人称として「おばちゃまはねぇ…」を使うことが多かったことから、テレビなどでは小森のおばちゃまと親しまれた。たまねぎのようなユニークな髪型と率直な言動で独特の雰囲気があるタレントだった。若き日の片岡鶴太郎がマネをして人気が出た。映画に詳しい女性としか知らなかったが、今回調べてみて相当なタマであることがわかった。

『小森和子自叙伝　流れるままに、愛』は読み出すととまらない。小森のおばちゃまが、世界中の男は自分を愛してくれる……と自己愛満載で、思わず噴き出したり、うんざりしたり」(泉悦子)。

1983年に「テレフォンショッキング」に出演し、翌日ゲストのイルカに電話する際、相手の電話番号を口に出してしまう放送事故が発生し、翌日、登場したイルカは「おばちゃまのせいでイタズラ電話が殺到した」と苦笑していた。

小森和子には男女関係を巡る武勇伝が多い。不羈奔放な女性だった。そのエネルギーは「度胸」だ。自分を実像以上に見せようとして緊張するからあがるのであり、ダメならダメでしょうがない。思いきってぶつかって知り合った有名人との関係をこやしにして、体当たりで人生を切り開いていった人だ。

第二章

続ける人

片岡球子　103歳　（1905年1月5日〜2008年1月16日）

「最初は下手でも結構。でも絶対に止めないで続けること。やれば必ず芽が出ます」

昭和・平成時代に活躍した日本画家。

103歳という長寿の画家・片岡球子は1月16日に天寿を全うした。鮮烈な色彩、大胆な造形、力強い筆致、自由奔放さ、そういった形容がこの人にはふさわしい。

球子は30代のころに小林古径から「あなたはゲテモノに違いない。しかしゲテモノと本物の差は紙一重。どこまでも描いてゆきなさい」と言われた。

ゲテモノとは下手物のことで、風変わりな珍奇なものを意味する。「落選の神様」と自らを自嘲していた球子は、作風を変えずに絵を描き続ける。そして独特の画風を完成させる。私は富士山を描いた賑やかな絵が気に入っている。

2008年に亡くなっているから、同時代の画家という感じがする。同じ1905年生まれを挙げてみよう。

大河内一男、田辺茂一、阿部定、臼井吉見、サルトル、入江相政、水谷八重子、円地文子、

平林たい子、入江泰吉、浪越徳次郎、島田正吾、福田赳夫……。

すでに皆歴史上の人物として記憶にある人たちだ。生きた時代が違う感がある。やはり生年よりも没年が大事なのだ。

球子の年譜を眺めてみると、やはり長寿の凄味を感じる。

68歳で愛知県立芸術大学を定年となってからも35年の現役であった。最高峰である文化勲章をもらってからもなお20年近くの人生があった。その間、第一線の画家として仕事に立ち向かう。定年を機に始めた教官と卒業生の会での法隆寺金堂壁画模写も約20年かけて完成させていることに驚く。

始めたものは「絶対にやめないで続けること」という片岡球子のアドバイスは重みがある。

大野一雄　１０３歳（１９０６年10月27日～２０１０年６月１日）

「成長するっていうことは、螺旋状にずうっと、だんだん天に近づいていく」

北海道函館市出身の舞踏家。

代表作として「ラ・アルヘンチーナ頌」「わたしのお母さん」「死海」「睡蓮」などの公演がある。１９７７年から１９９６年にかけて、横浜保土ケ谷の稽古場で、研究生に語った未公開テープをまとめた本だ。１９０６年生まれ。１０３歳で没。

以下、大野語録から。

・人間が成長するのはね、動いているときに成長するのではなくして、ストップして休憩している時に夢を見た、そういうときに人間の魂は成長するんではないか。

・いくらテクニックでやったって、自分の内部にないものはいくらやったって、響いて来ることはないですよ。

・関節が外れるくらいやってみたらどうか。そいう踊りをやらないと可能性がないんですよ。

・でたらめの限りを尽くしてやりなさい。……そういうのが稽古の始まりですよ。

・いつの間にか手の動きが一緒になる。いつの間にか自分の手と宇宙の手が一緒になるような感じにならないとだめ。
・私は狂人でなく狂気の世界に入りたいと思います。
・職人というのは、お金儲けよりも何よりもいいものを作りたい。ものの役に立たなくても良いからいいものを作りたい。始まったらやめることができないくらい、こうなってしまうわけです。
・体験をしたっていうことはね、やっぱり忘れてもさ、ちゃんと心に魂にきざまれている。それが稽古したということですよ。
・一生懸命やって、職人は鍛えてさ、命を鍛えて、命そのものが、鍛えるでしょう。
・毎日体験しながら、少しずつ進んでいくような感じが実感として私のなかにある。
・デタラメの限りを尽くしてやったほうがはるかにいいから。私はそういう踊りをみなさんに稽古してもらいたい。
・だんだん成長する。成長するっていうことは、螺旋状にずうっと、だんだん天に近づいていく。
・自分がやらなければ、自分の命が納得しないから、命が納得するところまでやっていくというのが職人ですよ。職人芸の定義のなかに、何か知らないけど人間の命に関わる問題が絡んでいるのが職人ですよ。

大野一雄は、職人ダンサーであろうと、１０３歳の人生を全うした。

岩谷直治　１０２歳

（１９０３年３月７日〜２００５年７月19日）

「事業というものは植林と同じです。苗を植えて肥料をやり、草をむしり、丹精を込めて育てなければいけない」

実業家。エネルギー商社、岩谷産業の創業者。

島根県安濃郡長久村（現・大田市）出身。大田農業学校（現 島根県立大田高等学校）卒業。神戸市の運送会社で勤務した後、ガスの製造・販売を行なう「岩谷直治商店」を１９３０年に創業。１９４５年に株式会社の岩谷産業に改組。以後40年間にわたり社長を務めた。

１９５３年家庭用プロパンガスを日本で初めて市販。また１９６９年にはガスホースを使わないカセットボンベ式卓上型ガスコンロを日本初の市販化。またプロパンガス以外の住機器、食品事業などにも取り組み、生活総合産業企業へと一代で築き上げた。「プロパンガスの父」と呼ばれた。どんな分野にも「父」という存在はいるものだ。

岩谷直治が古希を迎えたのを記念し、私財を基金として設立、2012年に公益財団法人岩谷直治記念財団として移行登記した。この財団は科学技術研究開発、国際交流推進をテーマとしており、エネルギー分野を中心に、優れた研究・開発を行なった者を表彰する「岩谷直治記念賞」も設けられている。2013年は「個別分散空調機による潜熱・顕熱分離空調システム『DESICAシステム』」のダイキン工業、2016年は「特殊セラミックを使用した断熱塗料の開発と応用」の日進産業が受賞している。

プロパンガス、カセットこんろの開発者・岩谷直治は、「ヒトマネでない事業を求め続けるのが私の経営の信念。本当に人々の生活に必要なものなら、必ず事業化できる」と述べている。生活のニーズに気がついたら、小さく始め、丹精を込めて育てていくのが事業だ。事業を植林にたとえることに感銘を受ける。何事も「丹精を込める」ことにしたいものだ。

産業・家庭用ガス専門商社であり、LPG分野では国内シェアトップの総合エネルギー企業の岩谷産業は1930年の創業以来、売上高は5087億円（連結で7150億円）、事業所数84カ所（国内78・海外6）、従業員数１２４３名（連結では９７４９名）にまで育っている。
「水素を熟知した会社」として、国産宇宙ロケットへの液体水素供給や、大規模な水素製造プラントの立ち上げ、燃料電池車の分野でもトヨタ自動車やホンダなどに燃料電池車の開発当初から水素ステーションなどの供給をし普及に向けた一端を担っている。１９６４年の東京オリンピックの聖火台では同社のＬＰＧが使用された。

岩谷直治は１０２歳で天寿を全うし、百寿者となった。そして創業した企業は、２０３０年には百年企業になる。植林し、丹精を込めて育てた木は年輪を重ね、姿のいい大木となった。

高木東六　102歳

（1904年7月7日～2006年8月25日）

「後悔していることがある。それは、この八十年、無精をして日記をつけなかったということだ」

主に昭和期に活躍した作曲家。

鳥取県米子生まれ。関東大震災で横浜の家がつぶれ、一瞬の差で助かる。ヨコハマ・グランドホテルの前の海に、見渡す限り裸の死体が浮かぶ地獄絵図を見る。東京音楽学校ピアノ科に入学するが、中退し、パリのスコラ・カントムール卒業。山田耕筰先生とパリで再会し、作曲家になれとすすめられる。山田耕筰は宴席での話の三分の二以上が愉快な猥談で、替え歌のセンスも天下一品だったと後に語っている。

管弦楽曲「朝鮮風舞踊組曲」が1940年に新京音楽院賞に1位入選、1942年には文部大臣賞を受賞。1939年からオペラ「春香」の作曲を行なうも、1945年5月の空襲により東京の自宅は全焼し、楽譜も焼失する。失意の中、長野県伊那市に疎開。そこで「春香」の再作曲の依頼を受け、1947年「春香」二作目が完成、翌1948年に初演される。高木はクラシック出身ながら、「空の新兵」などの軍歌、軽音楽、「水色のワルツ」などの歌謡曲、オペラ、ピアノ曲、シャンソンやポピュラー曲など仕事は多岐に亘った。

テレビでも、ＮＨＫ「あなたのメロディー」やＴＢＳ「家族そろって歌合戦」に長きに亘り審査員として出演。ユーモアと辛口の批評を私も覚えている。

「本当の音楽はメロディーじゃなくハーモニーにあるんです。魂をゆするような深い感動はハーモニー以外にはありませんよ」「好きなものを見つけること。あとは脇目を振らないこと」「私は思う、いまが一番大事な時だ、もう一歩」

「これから書くことは、女房だけには一切読まれたくないのだが……」と『人間の記録　高木東六　愛の夜想曲』の「第三章　わが青春のパリ」の書き出しで述べているが、１９８５年の「あとがき」でグチを言っている。「わが女房が突如ぼくに冷たく、口もきかなくなってしまったのには弱った」。この本には、妻のことも出てくるが、この「人間の記録」シリーズでは珍しく、女性遍歴が中心になっている。パリに向かう船内で「ぼくの女性不信は、このときから始まったといってよい。日本の女性も含めた、世界中の女性に対して、である」と書いているが、その後パリに着いてからも、懲りずに女性に接している。

「毎日を、不安なく平和に過ごせることが何よりの長寿の秘訣」と信じていた高木東六は１０２歳で没したセンテナリアン（百寿者）であった。日本ハリストス正教会に所属する正教徒であり、埋葬式はお茶の水のニコライ堂で行なわれた。聖名はギリシャ語語源で「不死の者」の意味のアファナシイ。

高木は、作曲家であり、幸いなことに人生の軌跡としての作品は残っている。しかし、無精をして日記をつけてこなかったことによって、焦点となること以外は、ぼやけて、あいまいになってしまった。「本当にじだんだ踏むおもいがしている」と後悔している。私も若いころから何度も日記をつけることに挑んだが、長続きはしなかったし、残っていない。同じく残念な気持ちがする。しかし、後悔しても仕方がない。ブログを書き続けることにしよう。その決意を高木の言は後押しをしてくれた。

奥村土牛　１０１歳　（１８８９年２月18日〜１９９０年９月25日）

「芸術に完成はありえない。夢はどこまで大きく、未完成で終わるかである」

現代の代表的な日本画家の一人。

まず、歩みを追ってみよう。

16歳、梶田半古に入門

23歳、逓信省為替貯金局統計課に勤務、五年間

28歳、父より土牛の号をもらう

31歳、二年間小林古径の画室に住みこむ

34歳、関東大震災で自宅消失

38歳、院展に初入選

40歳、古径の媒酌により結婚

43歳、日本美術員同人

55歳、東京美術学校講師

59歳、武蔵野美大講師

60歳、女子美術大学教授
62歳、武蔵野美大教授
64歳、多摩美大教授
70歳、日本美術院理事
73歳、文化勲章
89歳、日本美術院理事長。
101歳、日本美術院名誉理事長、長野県に奥村土牛記念美術館、永眠

父が土牛という名前をつけた。奥深い村で、牛が土を耕す風景。「石ころの多い荒地を根気よく耕し、やがては美田に変えるように、お前もたゆまず画業に精進しなさいとの意味がこめられていたのだと思う」

「今日私の座右の銘としている――絵のことは一時間でも忘れては駄目だ――という言葉は、そのころ先生（小林古径）からいただいたものです」

日本美術院の院展への初入選が38歳。代表作の多くは還暦後という遅さである。

85歳で書いた自伝のタイトルは『牛の歩み』というから徹底して、名前そのものの人生を歩

んだ人だ。大器晩成とはこの人のためにあるような言葉だ。永遠の未完成のまま生涯を終わる。大いなる未完成、それが理想ではないか。

三浦敬三　101歳　（1904年2月15日〜2006年1月5日）

「好きなことだけ自然体で続ける」

青森県出身のプロスキーヤー。

前坂俊之著『百寿百語　生き方上手の生活法』（海竜社）には、100歳という長寿を超えた人々の言葉が載っている。

・泉重千代（120歳）「お天道さまと人間は縄で結ばれている。万事くよくよしない、腹七、八分の長寿一〇訓」

・中村重兵衛（116歳）「長生きの秘訣は『食・心・動』」

・蟹江ぎん（108歳）「人間、大事なのは気力。朝ごはんを美味しく食べる」

・南光坊天海（１０８歳）「長命には粗食、正直、湯、陀羅尼、御下風あそばさるべし」
・大西良慶（１０７歳）「『人間おおむね漸機と頓知』近道を考えて大怪我をする。ゆっくりしいや、死ぬことなんか考えないの」
・近藤康男（１０６歳）「『ありがとう』というて生きることが極楽なの」「『活到老』『学到老』、70歳は一生の節目」「簡単な健康法を続ける」
・物集高量（１０６歳）「神経は細やかすぎず粗すぎず、中間の神経でいけ」
・今岡信一良（１０６歳）「恋ってのは長生きするには一番いいものですよ」「60歳までは準備期間、60歳からが本当の人生」
・大宮良平（１０６歳）「何も考えずに走ってみる、歩いてみなさい」
・塩谷信男（１０５歳）「常に前向きに考え、感謝を忘れず、愚痴をいわない」「１００歳は長寿ではなく人寿、それから長寿、天寿」
・小倉遊亀（１０５歳）「老いて輝く、60代までは修業、70代でデビュー」
・小林ハル（１０５歳）「すべては神様、仏様のお導き」
・中川牧三（１０５歳）「好きなことを好きなようにやってきただけ」

・加藤シヅエ（104歳）「一日に10回は感謝する、感謝、感動、健康」
「時代の空気を吸って頭を柔らかく」
・飯田深雪（104歳）「毎日を創造する気持ちで過ごす」
・岩谷直治（102歳）「元気の秘密はボウリング。早寝、早起き、体操、読経」
・東久邇稔彦（102歳）「生涯、自由人として生きる」
・高木東六（102歳）「ストレスという毒を腹にためない」
・昇地三郎（101歳）「意欲さえあれば何でもできる。一口30回噛み、常に頭を使う」
・奥むめお（101歳）「台所の声を政治に反映させる」
・大野一雄（101歳）「年齢を意識せず好物を食べる」
・内藤寿七郎（101歳）「天職を、ただ一生懸命に」
・岡野喜太郎（101歳）「欲を離れるのが長寿の妙薬。よく働いて倹約する」
・松原泰道（100歳）「無理、無駄、無精をしない。優しい言葉、笑顔、挨拶を配る」
・小島政二郎（100歳）「足るを知って分に安んずる」
そして、101歳の三浦敬三は、「好きなことだけ自然体で続ける」という冒頭の言葉とともに、「年よりの冷や水といわれようが、目標達成に向けた生活をする」という。

驚くべきは、いわば肉体的長寿であり、99歳でモンブラン山系のヴァレブランシュ氷河からのスキー滑降をなしとげた。１００歳ではアメリカのスノーバードで親・子・孫・曾孫の四世代での滑降を行なって話題を呼ぶ。

そうした活動はすべて、まさに好きなことを自然体で続け、目標達成に向けて生活をし続けてきたからこそできたものだろう。

なお、子の三浦雄一郎は２０１３年、80歳でエベレスト登山をし、最高齢登頂に成功している。

新藤兼人　１００歳

（１９１２年４月22日～２０１２年５月29日）

「私は仕事をして生きてきた。その仕事の中に私自身が含まれていると私は思います。仕事とは、私であり続けること、私とは何かを考え続けることなんです」

映画監督、脚本家。

１９９７年に文化功労者、２００２年に文化勲章。

1933年、徴兵検査が終わったころ、「すごい映画に出合った。尾道の〝玉栄館〟という映画館で見た。山中貞雄監督の『盤嶽の一生』で、人の生き方を考えさせる、知恵の働いた映画だった。『これだっ』と思った、突然ね、映画をやろうと思った」。

33歳、1945年秋に書いた『待帆荘』がマキノ正博によって『待ちぼうけの女』（1946年）として映画化され1947年のキネマ旬報ベストテン4位となり初めて脚本家として実力が認められた。その後、シナリオライターとして活躍。

1949年に独立プロダクションの先駆けとなる近代映画協会を設立した。1951年、『愛妻物語』（乙羽信子主演）で39歳にして宿願の監督デビューを果たす。遅咲きの監督だ。1952年、原子爆弾を取り上げた映画『原爆の子』を発表。チェコ国際映画祭平和賞、英国フィルムアカデミー国連賞、ポーランドジャーナリスト協会名誉賞など多くの賞を受けた。このころ、主演の乙羽根信子と愛人関係となる。

以降は自作のシナリオを自らの資金繰りで監督する独立映画作家となり、劇団民藝の協力やカンパなどを得て数多くの作品を発表。1960年『裸の島』を制作し、1961年モスクワ国際映画祭でグランプリを獲る。

出生した「広島」と「性と人間」をテーマとし、手がけた脚本は370本にもおよび多くの賞を受賞した。監督に加え、脚本家、プロデューサー、経営者、教育者、著述者など多彩な活動を行なった。１９７８年（昭和53年）に乙羽信子と再婚。

近代映画協会は１９６０年代に１００近くあった独立プロのうち唯一成功し、現在も存続し、映画作品を送り出している。日本のインディペンデント映画の先駆者であり多くの門下生を育てた新藤監督の業績を讃えた新人監督のための「新藤兼人賞」がある。

１００歳を迎え、東京都内で誕生会が開かれ、集まった映画人を前に「これが最後の言葉です。どうもありがとう。さようなら」と挨拶した。２０１２年5月29日、老衰のため東京都港区の自宅で亡くなった。満１００歳であった。

「自分は世界で唯一の貴重な存在なんだと考えることが大切なんです」という新藤は、「私の財産は、挫折なんです」というほど挫折が多かったが、それを財産として成長を遂げた。新藤は、映画人という天職に70年以上の期間を費やした。それは自己発見と自分づくりの１００年におよぶ仕事人生であったのだ。「人は死んでしまうが、死なない人もいるのだ」。残した作品には永遠の命があり、新藤兼人は死んではいない。

加藤 馨 98歳

（1917年5月5日〜2016年3月19日）

「急成長したら会社の寿命が来てしまうから、ゆっくり大きくしなさい」

実業家。株式会社ケーズホールディングス創業者。

陸軍士官学校、陸軍航空通信学校教官。戦後公職追放。1947年に茨城県水戸市で加藤電気商会を創業。現在では家電量販店チェーンの（株）ケーズホールディングスとなっている。家電、パソコン、携帯電話などに品ぞろえを絞っているのは珍しい。創業の「電器」に徹するという方針を守っている。1980年代の北関東のＹＫＫ戦争（ヤマダ電機、コジマ、ケーズデンキ）は有名だ。

加藤馨は独特の経営哲学の持ち主だった。「人件費を削ってはいけない」。「会社は単純なほど大きくなれる」など、名言は多い。

「歳をとった人間がいつまでも社長でいてはいけない」という言葉もある。1982年、加藤馨は65歳で社長を長男に譲り会長に退き、70歳で会長を退き相談役となった。ケーズデンキは創業者の考えを大事にした。長男の加藤修一は、65歳で社長を退任、70歳で会長を退任し相談役。そして2017年には、59歳の社長が誕生し、加藤家からは取締役がいなくなった。老害を嫌う創業者の精神を引き継いでいる。

ケーズデンキは「がんばらない経営」という方針のもと、１９６９年から１９９９年までの30年間は年率25％の成長だったが、それでも急激に大きくなるのを抑えていた。反動がこないように、余裕をもって、他社の動向に惑わされずに、やるべきことを、じっくりとやっていった。こういった堅実経営は、同業他社からも評価され、フランチャイズの仲間が増えている。２０１９年現在で、グループの売り上げは６８９１億円、営業利益３２７億円、経常利益３８５億円にまで到達している。売り上げは少ししか伸びていないが、営業利益、経常利益の伸びが大きい。これをみても、じっくり成長していることがわかる。

私も近所のケーズデンキによく行くが、店員の商品知識が豊富でファンになっている。そういった店舗を運営する背景には、創業者・加藤馨の創業の精神、経営哲学、経営方針があることを知った。企業は生きものであり、命が宿っている。起業を含む組織にはＤＮＡが大事だということを改めて思った。

第三章

遅咲きの人

橋本 武　１０１歳　（１９１２年７月11日～２０１３年９月11日）

「幸福とは、好きなことを、好きなように、好きなだけできること」

国語教師、国文学者。

東京高等師範學校に入学。後半２年間は諸橋轍次の大漢和辞典編纂を手伝う。じっくり考える、きっちり調べるという姿勢に感銘を受ける。それが後年の「『銀の匙』授業」の勉強法にも繋がっていく。卒業後、灘中学に奉職。遠藤周作が教え子。71歳で退職し、生前葬「寿葬」を行なう。戒名は、教誉愛宝青蛙居士。

１００歳で刊行した『１００歳からの幸福論』を読んだ。灘中学で、中勘助『銀の匙』を３年間かけて読み解く授業で有名になった。授業の流れは、「通読する、寄り道する、追体験する、徹底的に調べる、自分で考える」だ。たとえば、コロリがでてくればコレラの漢字を学ぶ、駄菓子が出てくれば実際に食べる、凧あげでは凧をつくり校庭で凧揚げ大会をする、鮨が出てくれば魚偏の漢字を集める、百人一首ではカルタ会を開く。小説の中身を体験させる授業だ。横道にそれて、知識を広げ、思考を柔軟にする。この授業は90も中ばを過ぎて評判になった。

２００５年、教え子の黒岩祐治神奈川県知事の『恩師の条件――あなたは「恩師」と呼ばれる自信がありますか？』でブレイクした。早稲田卒のフジテレビのキャスター時代の黒岩さんとはＪＡＬ時代によく一緒に遊んだ。「灘高の生徒会長で東大に入らなかったのは僕だけです」という言葉を今でも覚えている。彼は橋本先生の教え子だったのだ。

「大切なことは、人生を生きていくために必要となる「考える力」を養うことです。そして、人生の横道には、キラキラと輝く宝物がたくさん落ちていることを知ることだと私は思うのです」。今ではこういった授業のやり方は「スローリーディング」と呼ばれて広がっている。橋本の食事習慣「しっかり噛む」と同様に、横道にそれるというより、自分でじっくりと咀嚼する読み方であり、深く学ぶやり方だ。私の「名言との対話」も似ている。

橋本は21歳から71歳までの50年間を灘中・灘高で過ごした。50歳「銀の匙授業」２期生が京大合格者数日本一、56歳３期生が東大合格者数日本一。59歳、教頭。71歳で完全退職。この後の「おまけ人生」も実に充実している。趣味が多彩だ。社交ダンス。宝塚歌劇団。和歌。カメラ。旅行。能・歌舞伎。茶。郷土玩具。カエルグッズ。和綴じ本づくり。この人はチャレンジャーだ。人生を楽しむ人だ。86歳、紫式部になったつもりで『源氏物語』の現代語訳に挑戦し、足かけ９年かけて94歳で完成する。しっかり噛む、歩く、生酵母を愛飲、おしゃれ、などが健康の秘訣だそうだ。

98歳、数えで99歳の白寿を盛大に祝う。自宅の表札は「青蛙人形館」、自らつけた戒名も「青蛙居士」である。１００歳時の次の目標は、数えで１０８歳の茶寿（茶を着る予定）、１１１歳の皇寿（金色の指輪を準備）、１２０歳の大還暦（真赤な服）と決まっていた。「生きるとはこの世にうけし持ち時間　悔いを残さず使ひきること」という歌を詠んでいるとおりの生涯を送った。この本を書いた翌年、１０１歳で天寿を全うしたが、悔いはなかっただろう。

むのたけじ　１０１歳

（１９１５年１月２日〜２０１６年８月21日）

「『反骨のジャーナリスト』というのは、二重形容だ」

本名は武野武治。秋田県出身のジャーナリスト。

中学時代の恩師は石坂洋次郎。東京外語を出て報知新聞、朝日新聞に記者として入社。１９４５年８月15日、戦争に加担した新聞記事を書いたとして責任を感じ退社。１９４８年、郷里の秋田県横手市で週刊新聞『たいまつ』を創刊。１９７８年の休刊まで主幹として健筆をふるう。蔵書1万5000冊。101歳にて死去。

「脱皮しない蛇は死ぬ」

「主語をハッキリさせてものを言え」

「動詞を存分に働かせ」

「形容詞を使うな、事実を言え」

「言葉の持つ面白さを耕せ」

『きょうコレヲ必ずヤル』『きょうコレヲ決シテヤラナイ』この二つを毎日やるか、やらないかは一生の豊凶を左右する」

「若者を友人とする老人はよく笑う。老人を友とする若者はよく考える」

むのたけじは、本を読む、学びたい人に会って話を聞く、この二つが自学自習のポイントと言う。

「仕事に精を出しながら、本を読み、人に会い続ける」ということだろう。常に「今が人生のてっぺん」の人であった。

「統制よりも怖いのは自主規制」

「どんな悪い平和でもいい戦争に勝る」

平和を願うなら、そのための記事を日記（ジャーナル）として書き続ける。その願いが主義（イズム）となり、ジャーナリズムになっていく。書き続けることが大事だ。

そもそも、反骨ではないジャーナリストというものは存在しない。解説や擁護はジャーナリズムではない。ジャーナリズムの本質を一言で述べた名言だ。ここに人生１００年を真摯に生きた人がいる。

豊田英二　１００歳

（１９１３年９月12日〜２０１３年９月17日）

「モノの値段はお客様が決める。利益はコストの削減で決まる。コストダウンは、モノづくりの根本のところから追求することによって決まる」


愛知県出身の実業家。

正三位。勲等は勲一等旭日大綬章。豊田佐吉の甥。

八高、東京帝大を経て豊田自動織機に入社し、豊田喜一郎宅に下宿し自動車部芝浦研究所に勤務。取締役、常務、専務、副社長を歴任し、１９６７年社長に就任。その後、工・販統合まで14年9カ月社長を務める。工販合併を機に豊田喜一郎の長男・章一郎に社長を譲り、会長。１９９２年、名誉会長。１９９９年、最高顧問。

以上の経歴からわかるように、豊田英二は創業期から今日のトヨタの発展を支えた。量産体制を築く一方で、無駄を省くトヨタ式生産方式を確立した。日米自動車摩擦の解決策としてGMとのアメリカ合弁生産を決断するなど、豊田のグローバル展開の基礎を築き、トヨタを世界レベルの自動車メーカーに育てた。トヨタ中興の祖である。

２００６年にトヨタ自動車のエンジニアの二人が豊田市から仙台の私の研究室に見えた。彼らの名刺には「愛知県豊田市トヨタ町一番地」と書いてあった。三万人以上の技術者で構成されているトヨタ技術会での講演打ち合わせだ。

過去数年の講演者のリストを見ると、「職人学」の岡野雅行氏、「失敗学」の畑中洋太郎氏、そして「カミオカンデ」でノーベル物理学賞を受賞した小柴昌俊氏、……という錚々たるメンバーだったので驚いた。受講者は技術者、経営者を中心に７００～８００人というから相当大型の講演会である。

このときの私ともう一人の講師は日本刀の国選定保存技術保持者・玉鋼製造の木原明さん

だった。彼らはきっちりした打ち合わせを行なっていったが、トヨタ会館の見学、懇親会などあらかじめ案内者や挨拶するお偉方の名前、そしてスケジュールが分刻みで決まっていて遺漏がない感じがし、トヨタの仕事振りの一端を覗いたような気がした。

「乾いたタオルでも知恵を出せば水が出る」

「人間も企業も前を向いて歩けなくなったときが終わりだ」

「今がピークと思ったら終わりだ」

モノの値段は顧客が決め、それに見合うコストの削減努力が利益を生む。コスト削減はものづくりの根本から考えなおすことで実現する。トヨタ式生産方式そのものを表現した思想であるが、私は豊田英二の人としての歩みに興味を覚える。

豊田織機製作所を創業した叔父である豊田佐吉の長男・喜一郎の薫陶を受けて迷いなく自動車産業の確立に一生を捧げ、「カローラでモータリゼーションを起こそうと思い実際に起こしたと思っている」と述懐するように成功に導き、そして自動車事業に先鞭をつけた創業家の喜一郎の長男・章一郎に社長を譲るという出処進退は見事である。この人の１００年人生は壮麗な大伽藍を思わせる。

佐藤忠良　98歳（1912年7月4日～2011年3月30日）

「底光りするような個性というものは、競技者が一番でゴールに入るときの鍛錬にも似て、作家人生の終盤に出るのが本当ではないだろうか」

彫刻家。

1944年、32歳で出征する。33歳、ソ連の収容所に3年間抑留される。36歳、復員。ここから本格的な彫刻家人生がようやく始まる。40歳、「群馬の人」が国立近代美術館に収蔵される。48歳、高村光太郎賞。54歳、東京造形大主任教授。62歳、芸術選奨文部大臣賞。74歳、生誕地宮城県に全作品の寄贈を表明。78歳、宮城県美術館に佐藤忠良記念館が開館。83歳、宮城県大和町に佐藤忠良ギャラリー。96歳、札幌に佐藤忠良記念子どもアトリエ。98歳、2001年3月30日、老衰のためアトリエ敷地内の自室で没した。

生前、日本芸術院会員に推薦され、文化功労者や文化勲章の候補にも選ばれたが、本人は「職人に勲章はいらない」と語り、これら国家の賞を全て辞退した。

佐藤忠良はロダンや高村光太郎の後継を意識していた。それは人間を中心に据えた造形であった。毎年「今年の抱負は」と聞かれて、毎年「去年の続き」と答えてきたという。つまりはたゆまぬ継続が信条なのだろう。自身の自称は「彫刻の職人」である。「シベリアの抑留生活は大変だったでしょう」と聞かれたとき、わらって「彫刻家になるための労苦をおもえばあんなものはなんでもありません」と言ってのけた。

２０１１年に世田谷美術館で開かれた「ある造形家――佐藤忠良」展も見た。そこで得た言葉。「絶えず『目と心と技術』の訓練をすることです。彫刻家は一個の像の中に主題のための『空間』と『時間』をできうる限りつめこまねばならない宿命を持たされていて、それには高度な精神と技術が必要になってくるからです」「デッサンは作者の目と心の硬化を防ぐ息の長い体操のようなものです」「段取り半分」。

「……死ぬまで低空飛行ができたら素晴らしいなと考えている。もう上昇はできないし、いつか減速して下降するのだろうが、この低空飛行の持続は、よほどの浮揚力の蓄積がないと失速墜落ということにもなるだろう」。「彫刻家と人が認めてくれたとき、五十歳を越えていた」。遅咲きの人・佐藤忠良は強い浮揚力で滑走路に足がつかないように低空飛行を長い期間続け、作家人生の終盤にようやく底光りする個性と品格を表現できたのだろう。

団藤重光　98歳（1913年11月8日〜2012年6月25日）

「死刑の存続は一国の文化水準を占う目安である」

法学者。

東京大学名誉教授。1974〜1983年（昭和49〜58）最高裁判所判事。1981年（昭和56）日本学士院会員。1987年（昭和62）勲一等旭日大綬章。1995年（平成7）文化勲章。岡山県出身。

師の道義的責任論とその師の性格責任論を止揚して人格責任論を提唱するなど、戦前に新派と旧派に分かれていた刑法理論の止揚を目指し、発展的に解消、継承し、戦後刑法学の学説の基礎を築いた。

最高裁判事として強制採尿令状を提唱。大阪空港訴訟では深夜早朝の差し止め却下に対して反対意見を述べている。自白の証拠採否については共犯の自白も本人の自白と解すべきだという反対意見を述べた。学者時代は共謀共同正犯を否定していたが、実務家としては肯定説に立った。

もともとは死刑に賛成の立場であったが、ある裁判の陪席として出した死刑判決に疑念を持ったことから、その後は死刑廃止論者の代表的人物となった。退官後も死刑廃止運動などに関与した。

晩年にはイエズス会から洗礼を受ける。洗礼名はトマス・アクィナスだった。『神学大全』で知られる中世・イタリアのスコラ学の代表的神学者をもじった名である。団藤は老衰のため2012年に98歳で没している。

私も法学部だったので団藤「刑法」の教科書を読んでいたが、著書リストを眺めると、刑法学以外の『反骨のコツ』(朝日新書)が目に入った。典型的なエリート街道を走ってきた団藤は、実は反骨の人であったのだ。

「人間の終期は天が決めることで人が決めてはならない」という団藤重光の死刑廃止論を改めて読みたい。

永田耕衣　97歳
（１９００年2月21日〜１９９７年8月25日）

「大したことは、一身の晩年をいかに立体的に充実して生きつらぬくかということだけである。一切のムダを排除し、秀れた人物に接し、秀れた書を読み、秀れた芸術を教えられ、かつ発見してゆく以外、充実の道はない」

俳人。

禅的思想に導かれた独自の俳句理念に基づき句作。また諸芸に通じ書画にも個性を発揮、90歳を超えた最晩年に至るまで旺盛な創作活動を行なった。

三菱製紙高砂工場のナンバー３の部長で終えた永田耕衣は若いときから俳人であった。55歳で定年を迎え、毎日が日曜日の40年以上に及ぶ「晩年」の時間を俳句や書にたっぷりと注ぎ、そして97歳で大往生する。「毎日が日曜日」を豊かに生きた人物である。

この人は芸術や宗教に徹した人々と深く付き合い、評価される創作活動に励む。一方、会社員としてはハンディキャップを背負いながらかなりの昇進を果たし、１９５５年の定年まで勤めあげている。２つの世界が共存し、大いなる晩年に向かって人物が大きくなっていく。その姿は城山三郎の『部長の大晩年』（新潮文庫）に生き生きと描かれている。

「亜晩年、重晩年、秘晩年、露晩年、和晩年、是晩年、呂晩年、綾晩年、些晩年」
「朝顔に百たび問はば母死なむ」
「衰老は水のごと来る夏の海」
「無花果を盛る老妻を一廻り」
「コーヒー店永遠に在り秋の月」
「秋雪やいづこ行きても在らぬ人」
「強秋や我に残んの一死在り」
「白梅や天没地没虚空没」
「枯草や住居無くんば命熱し」
「死神と逢う娯しさも杜若」

俳人・永田耕衣の晩年は職業生活よりも長く40年以上もあった。余生などではまったくない。本舞台だった。55歳まではそのための準備期間ともいえる。ここに大いなる晩年を生きた先達の姿がある。

芹沢光治良　96歳
（1896年5月4日〜1993年3月23日）

「僕も四十九年の老年を迎えた。もう金のことや生活のことを考えないで、ほんとうのよい仕事をしたい」

小説家。

芹沢光治良『芹沢光治良　戦中戦後日記』（勉誠出版）を読了。芹沢は、1896年静岡県沼津市生まれ。一高、東大経済学部を卒業後、農商務省に入省。官を辞してフランスへ留学。帰国後書いた「ブルジョア」が雑誌『改造』の懸賞小説に当選して作家活動に入る。日本ペンクラブ会長。ノーベル賞推薦委員。1993年逝去、享年96。〝アラハン〟の人である。

1941年1月22日の「日誌はほんの物覚えに書いておけばよかろう。毎日つけてみるに限る。毎日つけてみよう」から、この日記は始まる。

志に関する言葉。

・美しいものだけをこの世で残して生きていきたい。
・人間五十近くになって、正しきことのみなし、正しきを言おうと切に思う。
・私も人類のことを思い、よい作品をのこすことのみ考えたい。

・文筆業もあがったりで、食べない日が来ることを覚悟を要する。
・こんなことで一生がおわるのかと心細い。
・十年つけた日誌を焼いたことが最も残念だ。
・僕も四十九年の老年を迎えた。もう金のことや生活のことを考えないで、ほんとうのよい仕事をしたい。
・世界が終わるともよい。作品を書いていよう。
・時局と戦争についての言葉。
・新聞はもう国民の声を伝えずに、政府の声のみ伝える。新聞は対外宣伝機関に化した。政府の御用をつとめることに汲汲としている。
・上に立つ者に日本精神がなし。
・戦争でなくて、お互に話し合って解決するまでに、人間は偉くなれないものか。
・不思議な時代だ。人々は軍人を神の如くあがめて頭を垂れている。軍人の言うことを至上の命令と拝聴している。軍人は戦争をする人、いくさびとではなかったか。
・思えば国民は今日まで何も真実を告げられずに、戦争の苦悩をのみ負担したと言われないだろうか、それも、おだてられて、だまされて。

・政治家は天皇陛下をたなざらしにしてしまった。
・東久邇宮殿下の内閣成る。近衛公が国務大臣として参加したのは意外である。大東亜戦争の責任者として切腹すべきであるのに。

8月15日の終戦の日には、「晴れて穏やかな無風の日なり。されど悲し。十二時陛下お自ら詔書をラジオを通じて国民にたまう。広間で聴く。一同泣けり。力なし」とある。

妻については「家にありて、仕事す。妻の愚かなるために苦しむこと甚だし」などの愚痴が何度かでてくる。

このような状況の中で、芹沢の精神を救ったのは「読書」であった。芸術家たちの生涯に関心が湧いている。ロマン・ロラン『ミケランジェロ』『ゲーテとベートーベン』。『セザンヌ』。バルザック『追放者』。『ファーブルの生涯』。『ゲーテ全集』。パスカル……。

49歳で老年という芹沢には、人生50年説が重くのしかかっているようにみえる。しかし、その芹沢は96歳の長寿を賜ったから、老年を意識してから半世紀に迫る時間が与えられた。人の寿命は、本人が考えているより早いか、遅いか、どちらかだから、正しいことを行ない、いい作品を残そうとすべきと思う。

2011年に沼津の芹沢光治良記念館を訪問したときのメモは以下。「芹沢は1897年生まれ。家が貧しかった岐路に立った時に援助者が現れている。一高・東大経済を経て、農商務省に入省。29歳で愛知電鉄（後の名鉄）社長の娘・金江と結婚。その年に渡仏。肺結核で療養し帰国。36歳から作家に専心。46歳『巴里に死す』。69歳日本ペンクラブ会長。73歳ノーベル文学賞推薦委員（川端康成の綬章に尽力）、78歳金芝河問題で9年間の日本ペンクラブ会長を辞任。96歳老衰死。この芹沢館は、駿河銀行が井上靖と芹沢の両方を支援していたのだが、芹沢館は沼津市が引き継いで運営している」。

井伏鱒二　95歳

（1898年2月15日〜1993年7月10日）

「花に嵐のたとえもあるぞ　さよならだけが人生だ」

小説家。

本名は井伏滿壽二（いぶし・ますじ）。広島県安那郡加茂村（現・福山市）生まれ。筆名は釣り好きだったことによる。7月10日、95才で没。

各地の人物記念館を訪ねると、井伏鱒二が旅した痕跡が残っていると感じることがある。小栗上野介の墓と資料館がある安中榛名の東善寺には、昭和53年6月10日の井伏の記念植樹があった。河口湖の御坂峠の「峠の茶屋」の太宰治文学記念室には、滞在している井伏に会いに傷心の太宰治が訪ねてきてしばらく暮らしていた。そのときのことは「富嶽百景」に太宰自身が記している。井伏鱒二は旅の作家であった。

その太宰治が井伏鱒二と二人が将棋を指しているところに、若き石井桃子が「ドリトル先生」のゲラを持ってやってきた。後で太宰は井伏に橋渡しを頼むが断られる。太宰が自殺したときに記者が「もしも太宰治と結婚していたら……」と訊くと、石井桃子は「私がもしあの人の妻だったら、あんなことはさせません」と語ったという。

井伏は一日のうち何時間かは必ず机の前に座ることを自分自身に義務づけていた。「ぼくは物が書けない時、ハガキや手紙を書くことにしているんだ。筆ならしが終わると、ポンプの呼び水のように筆のすべりがよくなる」。

明治生まれで95才まで書き続けたこの作家は、多くの人との別れを経験している。于武陵に「酒を勧む」という漢詩がある。「君に黄金の杯を勧める　このなみなみと注がれた酒を断ってはいけない　花が咲くと雨が降り、風も吹いたりするものだ　人生に別離は当然のことだ」。

この漢詩を井伏鱒二は「この杯を受けてくれ　どうぞなみなみ注がしておくれ　花に嵐のたとえもあるぞ　さよならだけが人生だ」と名訳した。友に発した「今を、この時間を大切にしよう」というメッセージである。

三鬼陽之助　95歳　（1907年8月3日〜2002年10月5日）

「人生は晩年の方が充実する。過去の失敗から知恵が、それまでの蓄積から先見力が生まれるからだ」

経済評論家。

三鬼陽之助は法政大卒業後、ダイヤモンド社に入社。経済記者となり、『投資経済』編集長などを経て1953年、財界研究所を設立。雑誌『財界』を創刊し、戦後の経済復興に取り組む企業経営者を取り上げた。創刊と同時に三鬼が設定した「財界賞」は、現在も続いている。日経連会長を務めた桜田武、経済同友会代表幹事や日本商工会議所会頭を務めた永野重雄ら4

人を「財界四天王」と命名。著書は『東芝の悲劇』『日産の挑戦』など101冊に上る。

「経営トップは常に現場に立て」と説いた三鬼は、自らの経営評論・経済評論でも、この現場主義を貫き通している。経済記者は、まずトップによく会い、経営の現場をよく見ることが大事というのが持論でそれを実践した。70歳で病に倒れた後も、リハビリに打ち込み、95歳で亡くなる最期まで執筆活動を続けた人だ。経営評論家一筋50年、大企業から中小企業まで数多くの経営者に接し、その経営観、人物、戦略、内情に精通していた三鬼は正しいと思ったことは歯に衣着せずズバリいう、財界のご意見番だった。

計算力や暗記力、集中力、状況に反応し判断する知的反射神経のような知能は流動性知能と呼ばれる。受験時に活きる知能だ。この流動性知能は、18〜25歳くらいがピークで、その後は年齢とともに落ちていく。一方、知識や知恵、経験知、判断力など、経験とともに蓄積される知能である結晶性知能は、年齢とともに伸び続け、60代ごろにピークを迎える。70〜80代にはなだらかに低下するものの、それでも高いレベルを持続していけると脳科学は教えてくれる。「情報と情報がつながる」、「そういうことだったのか」と目からウロコの体験が増える。そして理解力が増したり、いいアイデアが生まれたり、判断力に磨きがかかる。努力し続けた人は晩年になっても、結晶性知能は維持向上できるのだ。

私自身の経験でも、若い時代は知識は増え続け脳細胞はタテに伸び続けるが、それぞれは孤立していて、脳はスカスカな感じがしていた。ところが、時間をかけて多様な体験を重ねてくると、孤立していた脳細胞同士がヨコにつながってくる感じを持っていたが、それは結晶性知能が向上してくるということだったのだ。下がっていく流動性知能と上がっていく結晶性知能の総合力が、その人の知力ということになる。三鬼陽之助は、現場主義に徹した姿勢で、高い結晶性知能をフル回転させて、総合知を維持し続けた人なのだろう。三鬼が知恵と先見力を身につけた高齢者だったとすれば、それは人生１００年時代のモデルの一人だということだ。

第四章

ひとすじの人

小林ハル　105歳

（1900年1月24日〜2005年4月25日）

「良い人と組めば毎日が祭り、悪い人と組めば修業」

瞽女（ごぜ）。

生後3カ月で失明し、5歳のときに瞽女修行を開始。数多くの苦難を経て晩年に「最後の長岡瞽女」、「最後の瞽女」として脚光を浴びた。

7歳から稽古、8歳で初めて巡業に出て以降、22歳で師匠になり、1973年（昭和48）に廃業するまでの65年間、西頸城郡を除く新潟県全域と山形県の米沢・小国地方、福島県南会津地方を巡った。「瞽女唄」は、盲人女性が三味線を伴奏楽器にした音楽をいう。彼女らは芸能集団を維持するために厳しい掟を守らねばならない。結婚もできない。想像を絶する生活だ。甘えは絶対に許されない。弱点をかばいあいながら団結して外敵と外圧に対処していかないかぎり生きていくことができない弱者たちだ。守り本尊は弁天さま、お不動さまだ。

1978年（昭和53）「瞽女唄」が「記録作成等の措置を講ずべき無形文化財」として選択され、その保持者として認定される。1979年（昭和54）、黄綬褒章を授与される。選択無形文化財の保持者に認定されたことをもって人間国宝となった。

以下、『最後の瞽女 小林ハル 光を求めた一〇五歳』の中の言葉。

「何事も修業だと思わなければ、続けていかんねぇね」「本当のことは神さまや仏さまが見てよく知っていなさるんです」「いじめとも思える仕置きや、修業のときに味わった苦い体験を弟子たちにはさせないぞ」「もったいない」「一度聞いたら一度で覚えろ」

この本の中の雪が降ると方向感覚を失うという話のところで、帯広点字図書館を創設した全盲の傑人・後藤寅市（1902～1971）という人が出てくる。この後藤寅市は、知り合いの帯広の後藤健一さんの祖父であろう。

岡山県倉敷出身の斎藤真一画伯は、高田瞽女に密着取材をし、『絵日記・瞽女を訪ねて』などを出版した。斎藤真一の描く瞽女の絵は、山形県天童市の出羽桜美術館の分館「斎藤真一心の美術館」でみて感銘を受けたことがある。悲しみと哀しみの絵である。

川野楠己は、音質が劣化しないデジタル録音でCD化して残そうとして、『最後の瞽女 小林ハル 96歳の絶唱』を完成させた。

百寿者となった最後の瞽女・小林ハルの「良い人と組めば毎日が祭り、悪い人と組めば修業」は、今でも通用する心掛けだ。

石井桃子　１０１歳（１９０７年３月10日～２００８年４月２日）

「五歳の人間には五歳なりの、十歳の人間には十歳なりの重大問題があります。それをとらえて人生のドラマをくみたてること、それが児童文学の問題です」

児童文学作家・翻訳家。

数々の欧米の児童文学の翻訳を手がける一方、絵本や児童文学作品の創作も行ない、日本の児童文学普及に貢献した。

児童文学の第一人者であるが、本人の名前は知らなくても、この人の作った本を見ていない人はいないだろう。児童文学では作者は読む子どもにとって関心はない。『ノンちゃん雲にのる』『熊のプーさん』『うさこちゃんとうみ』など編集、翻訳、創作した児童向けの本は生涯で３００冊ほどになる。

30歳前後から１００歳まで、実に70年間にわたって間断なく本を出し続けているのだ。90歳を超えて『熊のプーさん』の作者、Ａ・Ａ・ミルトンの自伝の全訳にとりかかり、５年をかけて２００３年に『ミルトン自伝　今からでは遅すぎる』を96歳で完遂する。次にエレーナ・エスティスの『百まいのきもの』の全面と改訂に着手し、２００６年に刊行。このとき99歳！

企画展では「こどもの目でおとなの技倆でその人はそれを書き始める」という本人の言葉にも出合った。架空の世界を現実と思わせる論理と表現力がなければ児童文学には取り組めない。そして、人は児童という人生の初めにも、それぞれの問題を抱えているのだ。そういうやさしい、やわらかい目線を生涯にわたって維持し、ドラマを組み立て続ける。１００年を生きた石井桃子は、作家・創作者、翻訳者、エッセイスト・評論家、読書運動家、編集者と5つの顔があるが、その対象はすべて子どもだった。実に見事な人生だ。

土屋文明　１００歳

「我にことばあり」

（１８９０年9月18日〈戸籍上は1月21日〉〜１９９０年12月8日）

群馬県出身の歌人・国文学者。

文明という名前は、日清戦争を経て日本という国がナショナリズムへと大きく旋回する曲がり角の時代で、明治の文明開化の落とし物のような命名であった。

土屋文明は、歌人であるとともに、『万葉集』の研究者でもあった。文献研究とフィールドワークがその方法でもあった。ライフワーク『万葉集私注』は『万葉集』20巻4500余首の注釈。それまでの学説を踏まえた実証的な研究の上に、歌人らしい鋭い創見を随所に見せた画期的な本である。

足かけ8年、仕事に取りかかってから13年を費やしている。「この私注の最終巻の後記を記すにあたって、事が終わったというよりは、むしろここから出発が始まるような心持ちでいる。……」という心境になったという。

その後も補正の執筆は生を終えるまで続く。3度改版を重ねている。1953年（昭和28）にはこの功績で芸術院賞を受賞している。「鉄ペンも得難き時に書き始め錆びしペンの感覚今に残れり」。

また、もう一つのライフワーク『万葉集年表』は36歳で着手し、完成は実に文明90歳の春である。

短歌結社誌『アララギ』の中興は、土屋文明の企画力と組織力に負うところが大きかった。文明は頻繁に地方アララギ歌会へ出席する。それが人的交流の場を生み組織の拡大につながっていった。このあたりは私が理事長を務めるＮＰＯ法人知的生産の技術研究会の運営に参考になる。そして、文明は１９２９年には私の故郷の中津にも出かけている。

土屋文明は、生涯の転機に、常にいい人に出会っているという印象がある。昭和61年の96歳では同郷の中曽根総理から文化勲章をもらっている。

「垣山にたなびく冬の霞あり我にことばあり何か嘆かむ」は、敗戦直後に疎開先の自らを励ました歌だ。尊敬する先輩の斎藤茂吉は沈黙を余儀なくされた悔恨を詠んでいるのだが、文明は自分には滅びることのない「ことば」、つまり短歌がある。今からはそれを縦横に使える時代がきたこと。何を嘆くことがあろうか、と確信に満ちた宣言をしている。

「本来の仕事である日本文化向上のための仕事をどんな形で実行していったらよいか」

「作歌は我々の全生活の表現であって、短歌の表現はただちにその作者その人となる」

「この新しい事態を諸君がいかに実践しているか、その生活の真実の表現をこそ我々は聞かむと欲しているのである。そこにまだ短歌として開拓されない、広い分野があるように私は思う」

「世の動きに無関心でいるという意味ではない。実は運動や討論よりももっと根本的なところにかかわろうとするからである」

「生活と密着な文学として短歌は滅びない。実際短歌は生活の表現というのではもう足りない。生活そのものというのが短歌の特色。……その少数者は『選ばれた少数者』の文学。……」

「現実主義（リアリズム）ということに尽きる」などと、文明は力強い主張をして同学の人々を励ました。そして、100歳と2カ月という長寿をもって、一筋に精進を重ねた。

この人は人生100歳時代のモデルである。

邦 正美　99歳

（1908年1月2日～2007年4月4日）

「創作舞踊は、運動による空間形成の芸術である」

舞踊家。

創作舞踊家。哲学博士。教育舞踊日本研究所教授。米国加州フラトン大学名誉教授。東京帝国大学文学部卒。ドイツ国立舞踊大学卒。ルドルフ・ラバン、メリー・ヴィグマンに師事。日本はじめ世界各地方でソロ舞踊公演を400回以上。

蔚山の裕福な家庭に生まれる。釜山中学校在学中に西洋人女性からダンスの手ほどきを受けたのをきっかけに舞踊に興味を持つ。開化派の一員だった父親から日本への留学を勧められ、松江高等学校（旧制）を経て東京帝国大学文学部で美学を専攻。大学在学中に石井漠の舞踊レッスンを半年間受け、1932年には処女作「憂鬱の協奏曲」を東大内のホールで発表し、帝大生が踊ったことで周囲を驚かせた。1933年には、無音楽舞踊（打楽器を伴奏とし動きを主体とする舞踊）作品の公演会を行ない、大学に通いながら、夜はプロの舞踊家として舞台にも立ち始める。

1934年に大学を卒業し、私立大学の美学教師を務めながら、アイヌ舞踊をはじめさまざまな舞踊を学ぶ。1937年に日本政府の奨学金により、フリードリヒ・ヴィルヘルム大学（現・フンボルト大学ベルリン）へ留学し、ナチスドイツの宣伝省が設立した当時世界で唯一の国立舞踊学校で学び、ドイツ表現主義舞踊の指導者ルドルフ・ラバンやマリー・ヴィグマンらに師事した。1942年、哲学博士号を取得。ドイツ、イタリア、ハンガリーなど欧州各地で公演を行ない、日本舞踊の指導者として活動するほか、朝日新聞の特派員も務め、終戦の1945年に帰国した。米国戦争情報局（ＯＷＩ）の資料には、邦はドイツ兵のための従軍慰問団の一員として欧州各地で公演しており、ＯＷＩがドイツでの日本の諜報活動の中心人物のひとりと見なしていた同盟通信社ベルリン支局長江尻進（1908〜1996）の部下として邦の名前を記している。江尻と邦は同年でともに帝大卒であり、友人関係は生涯続いた。ナチスドイツ崩壊後、邦はドイツ残留を望んだが、占領軍ソ連によって日本へ強制送還された。

帰国後は舞踊や欧州事情についての本を多く執筆したほか、邦正美舞踊研究所を開き、日本国内外で幅広いジャンルのダンス創作や、ダンス教育の活動を展開し、多くの人材を輩出した。1960年代にアメリカに移住し、1961年、L・ホートンの死によって空席となったロサンゼルスのニュー・ダンス・シアターの主任教師となった。1965年にはカリフォルニア州立大学フラトン校の名誉教授となり、のちロサンゼルスで邦ダンス・ファウンデーションを主宰した。

最晩年は日本に戻り、2007年4月4日、老衰のため99歳で逝去した。2013年、妻の江原冨代（1970年にロスで邦の弟子となりその後結婚）を理事長に世田谷の自宅に邦正美記念室をオープンし、資料の公開を行なっている。

ドイツ人女性ガブリエラ・ヘルベルトとの間に1941年にもうけた息子の子にアメリカのコメディアン、フレッド・アーミセンがいる。

作品に『黒い星』(1950)、『青い鎖』(1951)、『神の休日』(1955)、『黄色い時間』

（1959）がある。著書には『芸術舞踊の研究』（1942）、『創作舞踊』（1949）、『ヨーロッパの午後』（1949）、『動きのリズム』（1954）、『舞踊文化史』（1968）、『アメリカは流れている』（1969）、『舞踊の美学』（1973）などがある。

以後アメリカ合衆国のカリフォルニアで活躍した。

笹島信義　99歳

（1917年10月10日〜2017年7月1日）

「一根三惚れ。二根とは、根性と根気。三惚れとは、仕事に惚れ、土地に惚れ、女房に惚れること」

土木業経営者。

93歳で仕事人生を回顧した、笹島信義『おれたちは地球の開拓者――トンネル1200本をつくった男』を読んだ。土木という仕事に打ち込んだ男たちの物語だ。

1956年当時、復興途上の日本は急増する電力需要を満たすことが至上命令だった。そして人跡未踏の秘境に黒部第四ダムの建設が始まる。通称クロヨンである。黒部川上流に資材を運び込むための関電トンネル（大町トンネル）を笹島班が担当する。クロヨンダム完成の命綱の工事は、巨大な破砕帯にぶつかった。糸魚川から富士川にかけての大断層・フォッサマグナによって岩石が打ち砕かれ、そこに地表から水が染み込んだから、地盤が弱く、水が湧出する。

この難工事に、関西電力の太田垣社長から「日本土木の名誉にかけて頑張ってください」とのメッセージが届き、全員が奮い立つ。熊谷組の「トンネルの神様」と呼ばれた牧田専務は「人間にできないことでも神様ならできる」と、瀬戸内海の大三島の大山祇神社にお参りに行けと笹島に言う。後にインタビューで「貫通した瞬間は喜びを通り越して、みんながボーっとしていた。黒部から吹いてきた風が坑内の粉じんを吹き払い、視界が透き通っていく。うれしさと虚脱感が混じった不思議な感覚だった」と述べている。

１９６４年に木本正次が毎日新聞に連鎖したノンフィクション小説『黒部の太陽』は登場人物は実名で登場した。１９６８年には三船プロと石原プロの合作で、映画『黒部の太陽』（熊井啓監督）が制作・公開された。１年間で７３３万人がみるという空前の大ヒット作品となった。石原裕次郎が演じた「岩岡剛」のモデルは笹島である。この映画は少年時代の私も学校全員でみている。クロヨンの関電トンネルだけで23人が殉職している。作業員４６８１人だったから、２００人に1人という高い割合で亡くなっている。難工事だったことがわかる。

　この本を読みながら、笹島がいう「戦場」におけるリーダーシップを学んだ。食糧調達により食べ物の心配をなくす。部下が仕事に集中できる環境をつくる。最前線に詰める。誇りを鼓舞する。作業員を集め、統率する能力が重要。高い労賃の7割を家族に支払う。障害にあったとき部下の意見を吸い上げて決めると3倍ほど能率があがる。ぶれない。前を向き、やるべきことを懸命にやる。上司とのカケ。……。

　絶望の淵に沈みながら、持てる力を最大限に発揮して困難を克服した経験が、一人ひとりを大きく成長させ、勇気と自信を植えつけられた笹島班は、その後もトンネルを掘りまくる。東海道新幹線、香港の地下鉄工事、イランでの２つのトンネル、山陽新幹線の六甲トンネルと新関門トンネル、13年かかった海底を掘った青函トンネルの担当区……。日本の主要なトンネル工事のほとんどに関わっている。「どんな難工事であっても、工期だけは必ず守る」トンネル屋は、地球に麻酔をかけながらの手術をする人たちだ。

　笹島によれば、トンネル掘りには、寒いところで生まれ育った人間が向いているそうだ。土木作業は忍耐との闘いである。根性と根気があれば、技術も自然についてくる。西の人間は我慢が足りないのだそうだ。意外だが、地下は地震に強い。笹島は東京の地下に幹線道路の大動脈を整備することを勧めている。

笹島はある親方から土木の仕事で一番大事なことは「二根三惚れ」だと言われた。二根とは、根性と根気。三惚れとは、仕事に惚れ、土地に惚れ、女房に惚れること。これが笹島建設の基本理念になっている。土木という仕事は「地球の開拓者」だ。彼らの命がけの努力の上に、今日の日本の近代が成り立っていることをひしひしと感じた。偉人・笹島信義は99歳で永眠。

上村松篁　98歳　（1902年11月4日〜2001年3月11日）

「鳥の生活を理解しなければ、鳥は描けない」

日本画家。

母は近代美人画の大家・上村松園。父は松園の師の日本画家鈴木松年ともされるが、未婚であった松園は多くを語らなかった。松園は竹内栖鳳に師事した近代美人画の完成者で、女性初の文化勲章受章者だ。上村松篁は松園の嗣子で近代的な造形感覚を取り入れた花鳥画の最高峰で、文化勲章を受章。松園の美人画を花鳥画に置き換えた画風で、母と同じく文化勲章を受章している。松篁の息子も文化功労者となっている同じく日本画家の上村淳之である。

奈良の近鉄グループの総帥・佐伯勇の自宅は現在では上村松園ら三代の日本画家の松柏美術館になって解放されていて訪問し、三代にわたる上村家の画業を堪能したことがある。

母・上村松園は「一途に、努力精進をしている人にのみ、天の啓示は降るのであります」と言い、その息子は「鳥の生活を理解しなければ、鳥は描けない」と言う。親の姿勢がそのまま子に伝わっている感じがする。

上村松篁は鳥の写生にこだわった。インド、オーストラリア、東南アジア等を旅行して鳥を観察している。また、アトリエの敷地にも大規模な禽舎（鳥小屋）を設け、１０００羽を超える鳥を飼って生涯にわたって観察を続けていた。精進を重ねた母の影響、そして本人のあくなき探究心、それらがこの言葉を生んだことがわかり、その重みに粛然とする。

吉田秀和　98歳
（1913年9月23日〜2012年5月22日）

「自分のいるところから見えるものを、自分のも持つ方法で書くという態度は、変わらずにきたつもりである」

音楽評論家、随筆家。

98歳で亡くなるまで精力的に活動した吉田秀和は、音楽評論の第一人者で熱烈なファンが多い。その学びの履歴を眺めるとその幸運を思わずにはいられない。小樽中学校で伊藤整に英文法と英作文を教わる。ヴィオラを弾く小林多喜二が自宅を訪れる。旧制高校時代は、中原中也にフランス語個人教授を受ける。小林秀雄や大岡昇平との交遊。……という具合である。結果として独、仏、英語に通じた。とくにドイツ語とフランス語の訳書が多い。

「平易な言葉で奥深いことを伝える事が大切なのだ」「私の批評は、私の文章を読むのが好きな人が読めばよい。色々な声があるんだ。色々な声があれば、自分の声が全てを代表するなんて考える必要はない」

ひとつだけ演奏の批評を記そう。「石のような金属のような響きから絹のような音までピアノから奏し出せる人。彼女がピアノを弾くときピアノは管弦楽に少しも劣らないほどさまざまの音の花咲く庭になる。」

来日した著名なホロヴィッツの演奏について、「なるほどこの芸術は、かつては無類の名品だったろうが、今は――最も控えめにいっても――ひびが入ってる――それも一つや二つのひびではない」と真実を語り話題になった。

１９４８年には斉藤秀雄らと「子どものための音楽教室」を開設した。この一期生には小澤征爾、中村ひろ子、堤剛などがいる。この教室は後の桐朋学園音楽部門の母体となった。吉田は音楽分野の優れた才能を見いだした人でもあった。小澤征爾は、吉田の死去に際して「私の恩人の中の恩人、大恩人です」と感謝と哀悼の意を表している。

吉田の音楽、文芸、美術の評論、翻訳などの仕事の仕事は豊かでレベルが高い。それは60歳代初めの１９７５年の大佛次郎賞以来、紫綬褒章、勲三等瑞宝章、ＮＨＫ放送文化賞、朝日賞、読売文学賞、文化功労者、文化勲章などを受章し続けたことに現れている。

「芸術は手仕事で成り立っている」と喝破した吉田秀和は、自分のいる場所から見える世界の奥深い真実を、誰にでもわかる平易な言葉で書くという自分自身の方法論を貫いた。11歳年上の文芸評論の大家・小林秀雄は、吉田をライバル視していた、という。それほど吉田の蓄積と慧眼と筆力が優れていたという証拠だろう。

中川一政　97歳

（1893年2月14日～1991年2月5日）

「私はよく生きた者がよく死ぬことができるのだと思っている。それはよく働くものがよく眠るのと同じことで、そこに何の理くつもない」

東京府生まれの洋画家、美術家、歌人、随筆家である。

「駒ヶ岳」などの作品で著名な画家だ。真鶴の美術館や白山の記念美術館などで絵をみてきたが、中川の言葉も味がある。随筆などの著作も多く随筆家としての評価も高い。

「門の中にはいっているのが専門家」「はいって出られないのが専門家」

「若い時の勉強は、何でもとりいれ貯めることである。老年の仕事は、いらないものを捨ててゆくことである」

「すて去りすて去りして、純粋になってゆくことである」

「画の勝負は美しいとか醜いとかいうものではない。生きているか、死んでいるかが問題だ。美しいようにみえて、死んでいるのがある。みにくいように見えて、生きているのがある」

体と頭を使っていい仕事をした日は、ぐっすり眠れる。その繰り返しがよく生きたことになる。その先によい死が待っている。それを信じていこう。

今泉俊光　97歳

「刀を作るほか、ちっとも考えん」

（1898〜1995年）

刀匠。無形文化財（人間国宝）。

今泉俊光は第二回吉川英治文化賞を受賞している。この賞は「日本文化の向上に尽くし、讃えられるべき業績をあげながらも報われることの少ない人」に贈呈される。受賞理由は、「衰亡に瀕した、備前長船に伝わる日本刀の鍛刀技術を再興し錬磨研鑽を重ねて、よく伝統技術を継承、発揚している」。

わが国の国宝、重要文化財、重要美術品に指定された名刀の60％は「備前もの」である。今泉は平野護国から鍛刀技術の口伝を受け、長船に移り住む。終戦後武器禁止令で失業同然となるが、カマ、クワなどの日用雑器を打ちながら研究に専念した。悪い材料を御して良い鋼を作る経験が後に役に立ったそうだ。

今泉は備前伝にのっとり、地金を吟味し、鍛えに鍛えて真の備前ものに迫っている。すこぶる謙虚な人柄で、刀の命をかけ、作刀の後継者育成に尽力している。

同じ岡山の財界の林原健は「今泉刀匠の生き様は、現代の人々に、『人間にとって最も大切なものは何か』を教えてくれる」と述べている。

「単に長寿で健康に恵まれているからではなく、仕事とはかくあるべきもの、鉄に魅せられた人生の生きざまはこういうものだと人が、作品が語りかけてくれる」と小笠原信夫が言う。

今泉俊光は「天命寿楽」と題した文章の中で「刀を造りたいという一念は岩をも通す桑の弓の如し」であり、1954年に許可が降りて以来、「ただ自分が思うがままの刀造りの道」を歩いてきたと95歳のときに述懐している。そして「備前伝の特徴である匂出来（においでき）の鎌倉期のような出来ばえの刀を残したい」と語っている。

95歳、これからどんな仕事をしたいですかという問いに、「まだまだ頑張って鎌倉期のような刀を造ってみたい」と答えている。

「生き様」という言葉で同時代の有力者が語っているように、人生100年時代の生き方の一つのモデルでもある。

岡山県倉敷の今泉俊光刀匠記念館を私は訪問し、その姿勢に感銘を受けた。また、次に訪れた倉敷刀剣美術館における紹介文を以下、紹介する。

「今泉俊光刀匠は明治31年佐賀県小城郡に生まれ、大正13年に岡山県児島郡赤碕に移住し、独自の鍛刀研究に入る。昭和19年長船町に移り、翌30年に鍛錬場を開設して鍛刀、昭和34年には岡山県重要無形文化財保持者の認定を受ける。その後、新作名刀展において日本美術刀剣保存協会会長賞・毎日新聞社賞など多くの特賞を受賞し、昭和45年には無鑑査認定となる。俊光刀匠は作刀期間が極めて長く、平成5年2月年紀・96歳添銘の太刀を残すなど、高齢にも拘らず師の作刀に対する研究心は他の追随を許さないところです。」

ドナルド・キーン　96歳　（1922年6月18日～2019年2月24日）

「新しい研究に取り組もうと思ったら、テーマを問わず、まず自分の視点を明確にして多くの書物を読み込まなくてはいけません」

アメリカ合衆国出身の日本文学者・日本学者。

日本文学と日本文化研究の第一人者であり、文芸評論家としても多くの著作がある。日本国籍取得後、本名を出生名の「Donald Lawrence Keene」から、カタカナ表記の「キーン ドナルド」へと改めた。通称（雅号）として漢字で鬼怒鳴門（きーん どなるど）を使う。

コロンビア大学名誉教授。日本文化を欧米へ紹介して数多くの業績があり数多くの大学や研究施設からさまざまな受賞経歴を持つ。称号は東京都北区名誉区民、新潟県柏崎市名誉市民、ケンブリッジ大学、東北大学、杏林大学ほかから名誉博士。賞歴には全米文芸評論家賞受賞など。勲等は勲二等。2008年に文化勲章受章。

以下、ドナルド・キーンが私のブログに登場する書き込みから。

・2013年に北区立図書館のキーンコレクションを訪問。「源氏物語は、日本から世界への最高の賜物でしょう」。787冊を寄贈（和書490冊。洋書297冊）。キーンさん本人の書き込みがあり、勉強の跡がわかる。

・ドナルド・キーン『渡辺崋山』（新潮社）がある。興味深い記述に満ちている。角地幸男という人が訳者として出ているから、キーン先生は英語で書いたのだろう。一流の画家、トップクラスの蘭学者、老練な家老としての政治業績、時間を惜しみ勉励する気力などマルチ人間・渡辺崋山の生涯は魅力に満ちている。

・ドナルド・キーンはノーベル財団から日本のノーベル文学賞候補者を聞かれ「谷崎、川端、三島」の順で推薦したと書いていました。順番の理由は日本風に年功序列にしたとユーモアを交えて語っている。

・日本ペンクラブの名誉会員であり、２０１２年11月26日の日本ペンクラブ創立記念懇談会では日本に帰化したキーンさんがゲストで招かれスピーチをし会場はキーンさんの話に静かに耳を傾けた。キーンさんの話はとてもよかった。「90歳。今が一番いい」「日本ペンクラブには57年前の33歳のときに出席したことがある。当時は川端康成会長」「日本にも源氏物語以外にも文学があるということを初めて知った」「源氏物語に出会ったのは１９４０年、18歳。ナチスの進攻があった悪い年。文学はギリシャから始まったと思っていたが、偉大な文学に触れたことは私の救いだった。源氏には戦争はない。このような美しい本は他にない。ここから日本に深い関心を持つようになった。日本語の勉強を始めた」「今回の帰化の件も自然なことだった。90歳でようやく日本人になれた。嬉しいことだ」

・雑誌『致知』には、日本永住を決めたドナルド・キーンさんのインタビューが載っている。『源氏物語』で目覚めたキーンさんは、日本研究にのめり込み、「明治天皇」、「足利義政」、「渡辺崋山」などを書いている。キーンさんの「日本文学の歴史」というライフワークは25～26年かけて完成させている。そして有意義な仕事をすることに生甲斐を感じているキーンさんは、まもなく完成する「正岡子規」、そして「平賀源内」の研究も考えている。「新しい研究に取り組もうと思ったら、テーマを問わず、まず自分の視点を明確にして多くの書物を読み込まなくてはいけません」。

亡くなったばかりで、まだ心情的にはドナルド・キーンと呼び捨てにはできないから、キーンさんと呼びたい。こうやって並べてみると、キーンさんは身近にいたという感じがする。「自分の視点」を持てと、キーンさんは新しい研究を始める人に向かって読書についてのアドバイスをしている。問題意識を持って読み進めということだが、それは「なぜ」という疑問のことだろう。

日本人としての90歳代の生活と感慨については、今後もメディアに出るだろうから注目したい。キーン ドナルド、鬼怒鳴門、享年96。

第五章

きわめた人

木村庄之助　104歳

（1890年3月1日〜1994年4月23日）

「行司も力士も親方衆も、昔からの相撲の型、行司の型を後世に伝えるよう努力し、協会はそれができるような体制をつくるようがん張ってもらいたいものだ」

大相撲の立行司。

1898年秋、尋常小学校を2年で中退して大坂相撲の竹縄部屋に入門し、1899年6月に木村金八の名で初土俵。1907年6月に木村信之助で幕下格、1909年5月十両格、木村錦太夫の名で1912年1月に幕内格となった。1922年5月に、大坂相撲に愛想をつかし1923年5月場所限りで廃業。その後、両國の出羽ノ海の誘いで1924年1月に東京大角力協会に移籍し出羽ノ海部屋に所属した。初代木村林之助、初代木村容堂、十二代木村玉之助から十八代式守伊之助を経て、二十二代庄之助となった。

人格、識見、土俵態度、うちわ裁きなど、すべてにおいて抜群で、松翁の名誉尊号を許された二十代木村庄之助に匹敵する名行司と称えられた。「髭の伊之助」といわれた十九代式守伊之助とともに、大相撲人気絶頂である栃若時代の土俵を裁いたが、1959年11月、65歳定年制が導入され伊之助と同時に退職した。退職後、1961年より4場所ほど日本テレビの解説、翌1962年から3年間、NHKテレビの解説を担当した。

1959年九州場所の千秋楽をもって立行司を引退した。結びの「栃錦（寄り切り）若乃花」が最後になった。満で69歳8カ月だった。子どもの時代の私は若乃花が贔屓だったから、今から思うと「同じ立行司でも伊之助から庄之助になるともうひとつ責任が重い」というこの名人の裁きで楽しんでいたのである。行司界の「松翁」号は代々の木村庄之助中の抜群の名人にのみ許される尊称で、長い大相撲史上3人だけである。二十二代庄之助もこの尊称をもらう話があったのだが、最終的には流れてしまったのは惜しい。今後は、松翁は生まれないだろう。

立ち合いに「ハッキョイ！」というのは「お互いに力いっぱいやれよ」という意味であり、力士が攻め合ったとき「ノコッタノコッタ」というのは「よく残したな、まだ残っているぞ、しっかりやれ」という意味で、ともに励ましの言葉である。

90歳の庄之助は「昔の相撲取りは、迫力があったな。今はただ『勝て、勝て』だけど、昔は違う。引かば押せ、押さば忍べといってね、踏んばる姿こそ力士の本領だった。だから力士っていったんだ……それだから、みんな体がぴかぴか光っていたもんだよ……」「土俵へ上がった力士たちを見るとね、気力でわたしには、どっちが勝つかわかったもんですよ。勝負は、気力だったんだよ……行司っていうのは、気と気のぶつかり合いをいかに引き立てて見せるかという仕事なんですよ」と語っている。庄之助は１０４歳の長寿であった。

「行司は力士に相撲を取らせるのだという心意気、意気込み」を持っていた第二十二代木村庄之助の目は厳しく、それぞれが「型」を伝えることを期待し、協会はそれを支援せよという。国際化し、問題山積みの現在の相撲界を庄之助はどう見るだろうか。

東久邇宮　稔彦王　１０２歳　（１８８７年12月3日～１９９０年1月20日）

「一億総懺悔」

旧皇族、陸軍軍人、政治家。

30代に7年間のフランス留学。サン・シール陸軍士官学校で学び、卒業後はエコール・ポリテクニークで、政治、外交をはじめ幅広く修学した。皇族切っての自由主義者であった。

戦争に負けて、鈴木貫太郎の後を受けて総理に就任する。天皇からは、憲法を護る、詔書を守る、軍の秩序維持を期待され、率先して実行しようとする。近衛文麿、緒方竹虎が補佐し内閣の人事を行なった。局長、少将に相当する内閣参与に大佛次郎、賀川豊彦、児玉誉士夫らを任命した。マッカーサーとの会談では「軍人と政治家とを兼ねたる型の人にして、初対面に良き印象を受けたり」と日誌に記している。

内閣総理大臣として、連合国に対する降伏文書の調印、陸海軍の秩序ある解体と復員、言論の自由の保障、国民からの投書の歓迎、行政機構の平時化、占領軍受け入れなどを実施した。政治の180度の転換である。

賀川豊彦参与のアドバイスに従って、「軍も官も民も総て、国民悉く静かに反省する所がなければなりませぬ、我々は今こそ総懺悔」を呼びかけた。いわゆる「一億総懺悔」である。また戦争責任をあいまいにする「終戦」という言葉をやめて、「敗戦」と明確に語ったのは特筆される。「一億総懺悔」は、戦争責任は濃淡はあれ国民全員に責任があるという論旨だった。この言葉の評判はあまりよくなかったが、ひとつの考え方ではあるだろう。

ＮＨＫカルチャーラジオ「声でつづる昭和人物史」で保坂正康の解説を聴く機会があった。64歳で回顧したインタビューでは、天皇の録音データを軍が奪い取ろうとしたこと、阿南陸軍大臣の自殺、軍の混乱のない解体へ、そして自分はどうなってもよろしいという天皇の言葉を紹介している。

終戦処理の目鼻がつくとわずか50日で退く。後継は幣原喜重郎である。

１９４７年には皇籍を離脱した。手がけた事業は失敗した。１９４８年には、尾崎行雄・賀川豊彦・下中弥三郎・湯川秀樹と共に「世界連邦建設同盟」（現在の世界連邦運動協会）を創設した。１９５０年に禅宗系の新宗教団体「ひがしくに教」を開教。１９６０年、60年安保闘争をめぐる騒動で、石橋湛山・片山哲とともに三人の首相経験者の連名で時の首相岸信介に退陣を勧告。歴代内閣総理大臣の中の最長寿者（１０２歳48日で死去）となった。

柳田誠二郎　１００歳（１８９３年９月２日〜１９９３年11月18日）

「結局、思想です。思想が人間を支配するんだ」

実業家。

日本銀行に入り理事を経て副総裁を務めたが、戦後の公職追放で日銀を去る。その後、日本航空株式会社初代社長を務めた。

「どんな仕事でも三年ぐらいしないと基礎はできない。まして航空事業には10年間のブランクがあり、まったくの無一文から始めたのだから、そんなに早く良くなるほうがむしろおかしい。しかし、世間はそう思わないから、我々としても焦る必要はないが、できるだけ早く一銭でもいいから黒字を出すように努力しましょう」

終戦後ゼロからスタートした日航は、3年間で10億円の赤字を出していた。初代社長柳田は日銀出身者で航空産業は未経験だった。以上は柳田誠二郎に送った専務の松尾静磨（二代目社長）の手紙である。

柳田は大学時代に禅宗に打ち込んだ。亀井貫一郎にすすめられ岡田虎二郎を訪ねて以降、晩年まで岡田式静坐を続けた。柳田は『私の履歴書』に「大学時代は夜寝るのも惜しんで猛勉した。そのうえお寺にこそ行かなかったが、依然禅宗に打ち込んで家で座禅を続けていた。そして先人にならってわが身を苦しめ、それに忍耐し、克己努力することばかりやっていたので、いつか精神主義が勝ちすぎ、気ばかり強くなっていた」と書いている。

私は「臆病者と言われる勇気を持て」という安全にかかわる名言を残した松尾静磨のあとの朝田、高木、山地、利光、近藤という五人の社長の時代を過ごした。新入社員のときに「トップと語ろう」という企画に応募して朝田社長と会ったとき、「久恒君は大分か？」と言われて驚いたことがある。本社勤務となった30代半ば以降は、山地、利光の近くで仕事をし、辞めるときは近藤社長から激励されたことを久しぶりに思い出した。

柳田誠二郎は、１８９３年生まれで、１９９３年に亡くなっている。日清戦争の直前に生まれ、日露戦争、第一次世界大戦、第二次世界大戦、敗戦と米軍占領、朝鮮戦争、高度成長、絶頂期、そしてバブル崩壊まで生き抜いた１００年人生だったといえる。奈良の東大寺での会合で寺島実郎さんから北陸経団連のトップに紹介されたとき、私が日本航空出身だと言うと、この人は伝説上の人物だった柳田のことを話題にした。若いころ、仏教関係の勉強会で影響を受けたという話だった。

冒頭の「思想」が人間を支配するという言葉は、柳田の仏教に関する勉強を継続していたというバックグラウンドを知ると納得できる。自分で自分を鍛え、揺るぎない思想を創りあげた人物だったのだろう。思想が個人を支配する。そして個人を通じて集団も支配する。だから思想が大事なのだ。

来栖　継　98歳　（１９１０年7月18日～２００９年4月18日）

「重訳が必ずしも直接訳に劣らない」

翻訳家。

チェコ文学者、共産主義者、エスペランティスト、日本エスペラント学会顧問、世界エスペラント協会名誉会員、日中友好文通の会会長。

父が自殺したため母子家庭で育つ。中学時代にエスペラント語を知り、雑誌『戦旗』に掲載された「プロレタリアとエスペラント語」という論文を読み、エスペラントにより革命運動に参加できると考え、エスペラントを学習する。戦前は治安維持法により特別高等警察によって数回逮捕・投獄された。出獄した栗栖は小林多喜二『蟹工船』のエスペラント語訳に取り組み、作家の貴司山治の助けで、大量にあった伏せ字を全部復元した翻訳を完成させた。その時点では出版できなかったが、スロバキアのジャーナリストが、栗栖のエスペラント語訳からスロバキア語に翻訳し、１９５１年に発行された。戦前・戦後を通じて日本のプロレタリア文学などのエスペラント翻訳などを多数行なった。１９４９年、エスペラント運動に関する功績により「小坂賞」（日本エスペラント運動に対する小坂狷二の功績を記念した賞）を受賞した。

少年期からチェコ文学に興味があり、「本物のチェコ文学者」となろうと、40歳を過ぎてから、独学でチェコ語を学習する。１９９５年7月、ルイジ・ミナヤ賞（世界エスペラント協会主催文芸コンクール、エッセイ部門第1位）受賞。２００７年には、横浜みなとみらい21で開催された第92回世界エスペラント大会では、エスペラント語で開会式のあいさつを行なった。

宮澤賢治が世界語・エスペラント語の使い手だった証拠は、宮澤賢治記念館でも見かけた。また２０１１年に開催された「ウメサオタダオ展」でもエスペランチスト梅棹忠夫のエスペラント語のサインの入った本が展示されていた。訪問したいくつかの人物記念館でもエスペランチストは数人いた。この世界語への関心が高い時代があったのだ。

小林多喜二の代表作『蟹工船』のスロバキア語訳の陰には、来栖継という日本人によるエスペラント訳があったことが後にわかった。「スロバキア語とよく似たチェコ語訳の『蟹工船』は、伏せ字だらけの本が底本です。重訳が必ずしも直接訳に劣らない一つの例証です」と91歳の来栖継は語っている。原作を超えるという評価のある翻訳では、森鷗外の『即興詩人』が有名だが、日本語からエスペラント語への翻訳、そのエスペラント語訳からスロバキア語への再翻訳という「重訳」が成ったわけだ。

翻訳は原本の良さがだんだん薄れるだろうと思うのだが、語学の才能に加えて、志の高い翻訳者を得れば、直接翻訳を上回る出来になることもある。来栖継の第一次翻訳が優れていて、スロバキア語への転訳もすばらしかった。小林多喜二から来栖継、そしてスロバキアのジャーナリストというように松明が引き継がれたのである。奇蹟の物語がここにある。

王馬熙純　98歳（1920年9月1日〜2018年6月11日）

「食事は、家族の健康はもちろん、家庭の団欒と幸福を象徴する場」

女性料理研究家。

1941年、東京芸術大学卒業。結婚の後に、料理の研究を始める。NHK「きょうの料理」創世記から、日本初の本格的中国料理研究家として活躍した。この番組は1957年より60年以上にわたって放送されている料理番組である。王馬熙純はおいしくてからだにやさしい料理を紹介し続けて、テレビ、ラジオなどで活躍した。女子栄養大学講師。厚生年金会館料理教室講師。日本における四川料理の父といわれた陳健民と並ぶ偉大な料理研究家である。

以下、著作。『電子レンジでつくる中国料理』、『お料理しましょう』、『中国料理入門』、『王馬熙純の中国家庭料理』、『中国料理おすすめ百菜』、『王馬熙純の家庭料理』、『中国料理の基礎』など多数。

その著書に対するアマゾンの書評をみると、ファンの言葉が並んでいる。

「王馬熙純先生は相当な研究熱心で、舌のこえた方なのでは。一つ一つが的確な味です。麻婆豆腐や家常豆腐は、本場のエッセンスをいかした日本では他の本には載ってないであろうレシピです」

「王馬熙純さんは昔よくNHK今日の料理に出ていました。美しくて上品な方でした。基礎といえば簡単なものかと思うかも知れませんがこれは難しい材料。たとえば干しなまこ等の扱い方も書いてあります。これ1冊で簡単なものから手の込んだ料理まで作れます。とても役にたちました」

「柴田書店の専門書のこの本の特徴は、何万種類あるといわれる中国料理の中から、日本の家庭でも簡単においしく作れるものを、180種選び、大半を調理法別に、残りを点心（軽食・デザート）と常備菜に、それぞれ実際につかいやすいように構成してあることです」

「緒言に1995年初秋となっていますが、今でも色あせない味と盛り付け、とくに使用されている色絵の陶磁と料理の調和や、素材の切り方の美しさには感銘を受け、サイト検索にて、王馬熙純女史が〝中国東北地方の貴族生まれ〟とあるのを読み、首肯した図説です。日本との関わりは、17歳から上野音楽学校（現・東京芸術大学）器楽科ピアノ専攻入学及び同校卒業から始まることも、印象深いものでした」

私が手にした『ＮＨＫきょうの料理』では、精神論は一切なく、食生活の面から便利なようにまとめてある。魚、豚肉、牛肉、鶏、卵、野菜、豆腐……と、材料別に構成してある。また利用しやすいように、索引が充実している。調理法別索引では、いためもの、揚げもの、あんかけ、煮もの、あえもの・よせもの・むしもの。常備菜、前もって作れる料理、すぐ作れる料理。条件に応じた献立のために。四季に供するのに適した料理。以上、実際の料理に役立つ工夫にあふれている。「日本ほどあらゆる国のおいしい料理が家庭で作られている国はありません」と「はじめに」にある。細心の注意を払う料理研究家である著者の人柄がにじみ出た、かゆいところまで手がとどいている配慮が生き届いた本だ。健康と団欒と幸福をもたらすのが料理であることを改めて感じた。

宇野精一　97歳

（1910年12月5日〜2008年1月7日）

「『平成』は平和な時代だけれども、その平和は実は武器のおかげで、そしてこれまで国のために命を捨てた人々のおかげで保たれているのです」

儒学者、国語学者。

東京大学名誉教授、尚絅大学名誉学長。國語問題協議會名誉会長、斯文会理事長。日本会議顧問。

宇野は儒教思想を軸とした古代中国経書学研究を進めるかたわら、国語国字問題などに関する評論活動でも知られる。ＧＨＱの主導で行なわれた戦後の国語改革に一貫して反対する立場をとり、戦前の漢字・仮名づかいの活用を呼びかけた。「昭和」に代わる新元号の考案を政府から委嘱されていたことで有名な学者である。

敗戦とともに元号制度は風前の灯火となり慣習法上の地位として残っていたが、ようやく1979年（昭和54）の大平内閣時代に元号法が成立する。この法はたった2条しかない。「元号は政令で決める」と「元号は皇位の継承があった場合に限りあらためる」である。2条は継承の後に改めるという意味だから、事前に発表することはできないという考えもあり、「令和」

は国民生活の安定とのギリギリの妥協点として4月1日に発表することになったのであろう。
安岡正篤記念館でみた資料などによると、昭和最後の内閣となった竹下内閣ではひそかに、、宇野精一、坂本太郎、諸橋徹二、安岡正篤の4人の碩学に元号についての検討を依頼している。途中で亡くなった人もあり、最終的に、東大の宇野精一名誉教授（中国哲学）、九大の目加田誠名誉教授(中国文学)、東大の山本達郎名誉教授(東洋史)に考案を依頼した。宇野が「正化」、目加田が「修文」、山本が「平成」を第一候補にあげた。「平成」は陽明学者の安岡正篤が考案し政府に提出したが、安岡氏の死後に山本が再提出したという報道もある。平成とは、書経の「地平らかにして天なる　内平らかにして外なる」からとった言葉である。後に竹下登総理が講演の中で「安岡さんの案」として紹介したことがある。しかし政府の担当者は否定している。真相はわからないが、平成の次の元号をめぐる報道の中で明らかになるかもしれない。

　論語研究の第一人者である宇野精一は「平成」の意味について以下のように述べている。

「平成の『平』は辞書では『干（かん）』部の漢字です。『干』とは盾（たて）の意味があります。また、『成』は『戈(か)』の部の漢字です。『戈（か）』は鉾（ほこ）の意味です。つまり平成という元号の中には『干戈（かんか）』がある。干戈とは、武器や戦という意味です。『平成』は平和な時代だけれども、その平和は実は武器のおかげで、そしてこれまで国のために命を捨てた人々のおかげで保たれているのです」

「元号」は西暦との関係で煩わしいからやめようという意見もあるが、国民全体の考えにはならないだろう。「元号」の決定に参加できるということは滅多にないことだが、97歳まで生きた宇野精一は、最初から最後までこの大イベントにかかわった。平成を終えた今、「地平らかにして天なる　内平らかにして外なる」時代は、日本は戦争に巻き込まれなかったという意味では、そのとおりになった。この平和は自衛隊の存在と先の大戦で亡くなった人々の魂によって成り立つとした宇野精一の解説には考えさせられる。

安藤百福　96歳　（1910年3月5日〜2007年1月5日）

「時計の針は時間を刻んでいるのではない。自分の命を刻んでいるのだ」

台湾出身の実業家、発明家。

日本で「チキンラーメン」と「カップヌードル」を開発し、世界的に普及したインスタントラーメン産業の創始者となった。日清食品の創業者。

ハレー彗星の接近の年に生まれた安藤百福は48歳でチキンラーメンの開発に瞬間油熱乾燥法を用いて成功した。61歳で究極の加工食品と呼ばれるカップヌードルを開発する。直後の1971年の浅間山荘事件で機動隊がカップヌードルを食べる映像で大ブームとなった。そして永年の夢であった宇宙食ラーメン（スペース・ラム）を開発しNASAに提供し野口聡一宇宙飛行士が宇宙で食べたのは95歳のときであった。97歳の1月5日に亡くなったが、日清食品の社葬は宇宙葬であったというから徹底している。

安藤の人生を眺めてみると、敬服と同時にある種の滑稽さも感じる。横浜の安藤百福発明記念館（愛称はカップヌードルミュージアム）を訪れたとき、子どもたちに圧倒的な人気があったので驚いたことがある。安藤は食産業は平和産業であると認識していた。

「社長とは権力ではない。責任の所在を示している」。こういう言葉を数多く残している安藤は、単なる発明家ではない。ある種の思想家的資質もあったように思う。

最後に行き着いた「食に関する疑問（『？』）」を徹底的に研究し、実験し、失敗し、少しずつ山を登っていくと、真実（「！」）に近づいていく。その作品がチキンラーメンであり、カップヌードルであり、そして宇宙食ラーメンであった。

イノベーターの人生というものは、こういった道程の繰り返しだろう。小さな疑問を一生かけて解いていく。常にまず疑問を持つことから始めたい。

笹崎龍雄　96歳　（1916年9月3日〜2012年10月25日）

「わが輩は豚である」

実業家。埼玉種畜牧場（サイボクハム）創業者。

ニュービジネス大賞（金賞）。渋沢栄一賞。日高市名誉市民。享年96。死因は老衰。

関東大震災、昭和大恐慌、陸軍軍医、戦争、フィリピンの山下奉文軍司令官の参謀、敗戦、公職追放。「この戦争は物量と食糧不足で敗けた」と総括し、「食糧自給と増産が自分の使命である」と考え、養豚事業に邁進する。

育種改良の重要性に早くから着目し、当時は夢物語に近かったランドレース、デュロック等の原種豚を海外から輸入し、全国の養豚家に頒布。サイボク研修生として「豚と会話ができる人間になれ」というサイボクスピリッツの薫陶を受けた養豚家は、全国の地域の養豚振興を担っている。

現在では、ハム工場あり、レストランあり、こだわり食材を並べたスーパーあり、温泉ありの、「農と食と健康のテーマパーク」に変身を遂げた。1次産業から3次産業すべてを融合した理想郷をサイボクファームは実現している。年間来場者数は400万人ほど。

笹崎の薫陶を受けた弟子たちの観察は次のようだ。メモ魔。手帳。金言の人。語録。記録の整理魔。メモ、観察、熟考、整理する習慣。求道者。

1953年に大著『養豚大成』を刊行し、異例のベストセラーになり、その印税で欧州視察を行なう。種豚―肉豚―精肉―ハム・ソーセージ―レストラン―調味食品と事業を伸ばした。64ページの文化雑誌、1万部無料配布の「心友」誌には「豚声人語」というコラムを書き続けた。以下、『とこトン人生九六年』から選んだ笹崎語録。

・自分の人生を創造できる人間、そして自分の職に希望と夢をもって全身全霊を打ち込んで働き、毎日の生活に情熱を燃やすことのできる人は幸せである。

・自分の人生は自分で脚本をかき、誰にも拘束されずに演出し、自分で納得のできる仕事に、全力を傾倒できる人は幸せである。

・どんな仕事でも永遠に未完成である。矛盾と問題だらけである。これを解決していくのが人生である。自分の天職に全情熱を打ち込み、その仕事とともに生きる人は幸せであり、魅力のある人である。

・私は、自分の人生（天職・事業経営）について、自分で脚本を書き、自分で演出し、自分の創った舞台で、思う存分に全情熱を傾倒し、そのなかに人間としての生きがいと、人間らしさを、自分でつかみとっていける人が、この世で一番幸せな人だと考えている。すなわち、自分の心に、しっかりした人生の羅針盤を持っている人間が、一番幸せな人だと思っている。

・豚の命をいただいて我々は生活できているから、商品になるものは、無駄なく、お客様（人間）に食べていただくことによって、豚の命に報いることができる。

・記録（メモ）を確行せよ。数字と思考で毎日の生活を科学すること。

・豚のことは豚に聞け！　仕事は道楽、勉強は趣味だ。農業は脳業だ。楽農。毎日が自己開発である。

以上にみるように、漢学の素養と東洋哲学に裏打ちされた金言の数々と人柄に接した人たちは大きな影響を受けた。

龍雄の息子の静雄は私と同世代で、「知的生産の技術」研究会の仲間であり、互いに30代のころ、会で埼玉のサイボクハムを集団で訪問したことがある。もしかしたら、そのときに、父上にも会っているかも知れない。

無数の金言の中で「わが輩は豚である」という言葉を発見したときは、思わず笑ってしまった。笹崎龍雄の人生はこの言葉に極まれりだ。植物学の牧野富太郎が「私は草木の精である」と言った境地と同じだ。笹崎はリーダーに必要なのは、「愛敬と運だ」という。厳しい指導をする人ではあったが、この人には皆が愛する愛敬もあったのだろう。高い志、食糧事業のパイオニア、そして96歳という老衰での天寿の全う。一世紀に及ばんとする人生で笹崎龍雄は、最終的に完全なる自分自身になったのではないか。

木下是雄　96歳
（1917年11月16日〜2014年5月12日）

「事実と意見を区別せよ」

物理学者。

1953年に学習院大学理学部教授に就任。1956年に学術会議オブザーバーとして米国南極観測隊に参加。1968年に応用物理学会会長に就任。1973年に学習院大学理学部長、1981年には学習院大学学長に就任。

薄膜や固体表面に関する研究を進めていく一方で、日本の物理学者の同人会であるロゲルギストの一員として、雑誌『自然』に科学に関するエッセイを多数発表した。

この人を有名にしたのは、『理科系の作文技術』（中公新書）だ。1981年9月の初版刊行から、35年間で80回増刷されるロングセラーとなり、ついに100万部を超えている。中公新書で100万部を突破したのは、1993年に刊行された野口悠紀雄の『「超」整理法』以来2冊目である。私が書いた『図で考えれば文章がうまくなる』（PHP研究所）では、谷崎潤一郎『文章読本』、清水幾太郎『論文の書き方』、本多勝一『日本語の作文技術』、野口英世『「超」文章法』と並んで、この本を歴史的な名著と規定している。

『理科系の作文技術』の主張は以下のとおり。「主題の吟味」では、一文書一主題と読者の想定によって、目標規定文を一つの文にすること。次に「事実と意見の区別」。証拠を挙げて裏づけできる事実と判断である意見を区別することとし、事実については書くべき内容を吟味、明確に、修飾語を入れるなと主張。意見については「私は」と書き、事実を踏まえた判断を書く。「わかりやすい文章」として、序論・本論・結びの構成をとることとし、序論で結論の要旨を書いて読むべきかの判断材料とする、本論のパラグラフではトピックセンテンスで内容を述べ、次に詳細を展開する。結びではポイントを列挙し将来の発展への道を示唆する。

理科系の仕事上で用いる文章術を学ぶことは、文章を書く上で大いに参考になる。主題を吟味し、事実と意見を区別し、パラグラフを外観から細部へと書いていくことによって論理的な文章が書ける、それがこの名著の結論である。とくに事実の上に立って論理的にみちびきだした意見を述べよ、はこの本の核心だ。私を含めて文科系の人も心したいところだ。一冊の代表作がその人の生きた証となって、そのロングセラーを書いた著者は影響力を保持し長く生き続けるのである。ある時点のベストセラーよりも、時代を越えて影響を与えるロングセラーのほうが重要だろう。それがもっと永く生き続けると古典になる。

岡崎嘉平太　92歳　（1897年4月16日〜1989年9月22日）

「信はたて糸 愛はよこ糸 織り成せ人の世を美しく」

実業家。

岡崎嘉平太は、日銀を経て、大東亜省参事官、上海在勤日本大使館参事官。戦後、池谷鉄工、丸善石油、全日空の社長を歴任。日中覚書貿易事務所代表。81歳、勲一等瑞宝章。

1972年の日中国交回復時には周恩来首相から、水を飲むときには井戸を掘った人を忘れないという諺が中国にはあるが、岡崎先生と松本先生（松本重治）はその一人ですと感謝された。65歳のときにはLT貿易を調印した。中国という国は奥が深く、何度も訪れている。92歳で実に100回目の訪中を行なった。

「これからの外交の行き方は、隣国とともに生きるということにあると思う」「アヘン戦争以来、中国が苦しんだもろもろの難題を、孫文、黄興、蒋介石と三代を経て共産党政権がこれを一挙に解決した」「8月15日に蒋介石がだした布告文『仇に報いるに徳をもってせよ』。憎い日本ではあるけれども、アジアの守り神であったといえるよ」「気宇が大きい……」「だれも中共に行き、あるいは人と交わって身をもって研究している様子がない」「実に遠大な計画です。

それがいちばんよくわかるのが植林、治水です。黄河ひとつみましても、五千年来の念願だった治水をついやってしまった」「周恩来。わが国は大変な損害を受けている。しかし、八十年は、日中二千年の交わりに比べれば僅かな時間だ」

「あと30年たったら、世界における今の中国というのは、えらいものになる。おそらく、ソ連は追い越し、アメリカにも追いつくだろう。……そういうときが来たときに、もし、日本民族と中国民族との間に、不信感があったとしたら、息苦しいのは日本じゃなかろうかと思います」

「基地については、外国の軍隊が今後二十年、三十年、五十年にわたって日本に駐留し、日本が実際の自己防衛を行なわないという状態がつづけば、日本民族はおそらく骨抜きになるだろうと私は心配する。そこで、日本民族が生きるバックボーンをもつために、基地は漸次、できるだけ早く撤去しなければならない」

「日米安保条約だけに固執せず、より広い視野からアジアの安全を考える必要があると思う。また、日本の安全は日本人自らが守るのだという気概をつくりあげてゆくことが必要なのではないだろうか」

日中関係の井戸を掘った人は多い。孫文を助けた日本人は忘れられているが、この岡崎も現代中国との関係の井戸を掘った人物だ。掲げたいくつもの言葉の底には、長期にわたった日中関係を見据えた慧眼がある。信頼と愛情で美しい織物を織りたいものである。

第六章

テーマ追い人

近藤康男　１０６歳　（１８９９年１月１日〜２００５年11月25日）

「ミスひとつしない日もあり白寿翁」

農業経済学者。

東京大学名誉教授で、一時は農林省統計調査局長を兼任し、後には武蔵大学教授などを歴任した。享年１０６。3世紀を生きた人だ。

マルクス経済学の立場で独自の追究により農業問題を社会科学にまで高めた、農政学徒。

70歳以前は35点、直後も年一冊のペースで執筆した。青年期、壮年期とほぼおなじだった。

・70歳以上は、農家が夏のあいだに精を出し栽培した作物を秋に収穫しているようなもの。人生最後の20年、30年がここから始まるのです。

・これまで手がけてきた日本の農業問題をウオッチすること、それを仲間とともに続け、私のできることを続けるのが良いだろう。

・中国の作家・巴金「過去を忘れさえしなければ未来の主人になることができる」

・「私は自分自身を教育者に非ず、学者に非ず、調査マンだと思っている」

・「私の健康法は睡眠時間を長く、毎日９時間寝ること、これが私の長寿の秘訣だと思っています」。夜9時に寝て7時まで床の中。

・10分間の全身指圧。朝と夜。寝付きと排便に有効。

・ミスひとつしない日もあり白寿翁。

・拡大読書器。午前1時間半。午後2時間半。以上が、１００歳の日課。

農文協図書館には、80年間に集めた本やデータがある近藤文庫があり、著作70余点がある近藤コーナーもある。

60歳、東大を定年。武蔵大学に移り、特任教授を76歳で定年。

近藤は１００歳の時点で「百歳を迎えるにあたって、つくづく考えると、七十歳前後は大きな転換期だった。健康に注意するようになった。仕事の転換をする時期。体調の変化と職業上の変化の重なりで大きな節目」と述べている。

奥　むめお　101歳

（1895年10月24日〜1997年7月7日）

「台所の声を政治に反映させる」

婦人運動家、政治家。女性。

本を読むことによって「かえって大事なものからどんどん遠ざかってゆくようないらだち」にとらわれるようになり、真理は実践のなかにあり、本を読みすぎたと考え、姓名を偽り女工として紡績工場に入り、一女工として潜入取材したレポートが反響を呼んだ。

息子をおんぶしながら婦人参政権運動に取り組み、ねんねこ姿の婦人活動家として評判をよび、1947年の第1回参議院議員選挙で当選。「わたしは国会議員になったその日から、日本中のおしゃもじの心を心として働こう」と決心する。

1948年（昭和23年）に「不良マッチ退治主婦大会」が開催され、主婦たちは配給された不良マッチへの不満をぶつけ、マッチの配給制度を廃止に追い込んだ。奥むめおは、エプロンとしゃもじを旗印に「台所の声を政治へ」結びつけるべく、全国の主婦たちの力を結集させ、主婦連合会をつくり、台所と政治の直結を訴えた。主婦連合会の創立当時の合言葉は、「くらしのつらさは政治の悪さからくる、私たちの自覚の足りなさからもくる」。

主婦会館初代館長を務めた。主婦会館のサイトには「人間　奥むめおの軌跡」という写真集が掲載されている。奥むめおは、90歳を超えても主婦連の会長を務めており、92歳で自伝を発刊。そして100歳では、主婦会館建設の挨拶で次のようなメッセージを発している。「私の百歳の年に再び会館建設のご挨拶を申し上げる慶びを感謝いたします。叩けば門は必ず開くことを信じ、この世に生きる限り、世の中に役立つ人間として励みたいと思います。どうぞ皆さまのお力ぞえをお願いいたします。主婦会館名誉館長　奥むめお」。これが公に残した最後の言葉となり、翌1997年（平成9）7月、新しい会館を見ることなく死去した。国立女性教育会館に奥むめおコレクションがある。

「平々凡々な女の日常生活のなかに政治を見出し、その道を光あり、幸ある明るいものにすること」を信念として女性や毎日の暮らしのための運動に尽くした人である。台所の声を政治に反映させるためには、「行動しなければダメ」が口癖だった。奥むめおは生涯現役で女性解放運動に取り組んだ。この人は100年人生の生き方のモデルだ。

日高六郎　101歳
「自由からの逃走」
（1917年1月11日〜2018年6月7日）

社会学者。

1941年東京帝国大文学部卒業。戦後、東大新聞研究所助教授を経て同教授。1969年、東大紛争の機動隊導入に抗議し、教授を辞職した。

市民運動家として「人間の解放とは何か」を問い続け、ベトナム反戦、水俣病、日米安保条約問題など現実の問題に積極的にかかわった。宿泊客らを人質に旅館に立てこもり注目を集めた1968年の金嬉老事件の際は、背景にある在日コリアン差別を指摘し、金氏を擁護した。戦後民主主義と憲法擁護の立場から60年安保改定の問題点を論じたほか、ベトナム反戦の国民行動を呼びかけ、革新市民運動をリードした。戦争加担を拒否して脱走した米兵を援助する活動も、作家の小田実（まこと）や評論家の鶴見俊輔らと進めた。その後も、雑誌『市民』を創刊するなど、平和や教育、社会問題について発言し続け、市民運動の拠点として創立された「国民文化会議」の代表も務めた。1980年代後半からはパリに住み、「九条の会」などの招きでたびたび帰国、講演やシンポジウムに出席した。

恩師の尾高邦雄教授は「日高君は思いつきと構想力の天才である。それなのに、まだ自分の仕事らしい仕事を発表していない」と不満を語っていた。鋭いジャーナリスティックな感覚があり過ぎて、社会学から離れて現実の市民運動に深入りし過ぎたという思いであろう。

日高六郎という名前は戦後のいわゆる進歩的文化人の一人であり、マスメディアで発言する勇姿はよく見かけたものだが、その後もずっと生きて１０１歳の長寿を全うしたセンテナリアン（百寿者）である。

ドイツの社会心理学者エーリッヒ・フロムの『自由からの逃走』を訳したことでも知られる。「人間の解放」を問い続けた日高は、自由を見つめていたのだろう。前近代社会の制度からの解放は「――からの自由」にとどまり、次の段階としての個人の諸能力の表現という「――への自由」にまでは届かなかった。「――からの自由」は得たが、孤独や責任という新しい恐怖に直面することになり、自由を手放したくなる。それがヒトラーを生んだのだ。日高六郎は高い次元の「――への自由」の存在する社会を夢見た。それは自我の確立した市民が自由に表現できる社会であり、それを実現する運動に生涯を賭けたのであろう。

望月百合子　100歳　（1900年9月5日〜2001年6月9日）

「自由で平和な社会、その中で女性が、伸びやかに才能を発揮でき、集える場の創造」

評論家。

山梨県出身。読売新聞社に入社し婦人記者となる。1921年（大正10年）よりパリのソルボンヌ大学に国費留学、作家・アナーキストである石川三四郎の影響を受け、1925年（大正14）3月の帰国後はアナーキストとして活動した。

『女人芸術』『黒色戦線』をはじめ、高群逸枝、平塚らいてう等とともに『婦人戦線』創刊に参加。女性解放、人間解放をテーマとした評論をはじめ、翻訳、エッセイなどを発表。1938年（昭和13）、旧満州へ渡り、満州新聞のジャーナリストとして約10年間を過ごす。結婚。この間、女性教育にも積極的に携わり、大陸文化学園、丁香女塾を開校。敗戦後も現地に留まり、1948年（昭和23）に中国・北京経由で引き揚げた。

戦後は翻訳に専念した。1988年（昭和63）には山梨県立文学館建設懇話会委員長に就任し、山梨県立文学館設立にも携わる。1994年には現在の富士川町に所在する大法師公園における竹久夢二の歌碑設立にも尽力している。１９９９年には、山梨県南巨摩郡鰍沢町（現・富士川町）に「望月百合子記念館」が開館した。

大正時代から断髪洋装の新聞記者として活躍した望月百合子は２００１年に１００歳で亡くなった。翌年の２００２年には「すべての女性の幸福と人間としての平等、平和な世界」の実現のために活動した望月百合子の遺志を継ぐために、ＮＰＯ法人現代女性文化研究所がつくられている。毎年6月には望月百合子忌が開催されている。また２０１９年5月25日現在、会報は52号に達しているというから活動は活発だ。文京区立千石図書館では「社会運動家　望月百合子の生涯」展が開催中された。

19世紀の最後の１９００年という明治時代に生まれ、大正、昭和、戦後、平成と、21世紀の最初の２００１年まで、足掛け3世紀にわたって１００年の人生を生きた百寿者・望月百合子は、女性の幸福と平和のために戦った。その影響力は生きている間だけでなく、今もなお続いている。その精神は死んではいない。望月百合子の信念と情熱の松明は、次の世代に引き継がれている。

鈴木俊一　99歳

「節目節目に古井（喜実）さんという人がいろいろな形で登場するんです」

（１９１０年11月6日〜２０１０年5月14日）

政治家、内務・自治官僚。

第九〜十二代東京都知事。

１９３３年（昭和８）の内務省入省以来、国家公務員26年、東京都公務員24年、準公務員12年、計62年を地方行政に関係する仕事に一貫して従事し、東京都知事を４期16年務めた。生涯現役で「官」の世界を生き抜いてきた人物である。

大学入学時から、内務省に入り知事になるか、外務省で外交官になるかを考えた末に３番で内務省に入る。強大な権限を持っていた総合行政官庁である内務省はＧＨＱによって解体されるのだが、鈴木は最後の人事課長だった。

１９７９年に都知事に就任したときには、一般会計２０００億円、公営企業１５００億円、計３５００億円の赤字を背負っていた。処方箋をつくり、実現し、財政再建を果たしていく。内部改革では、職員定数のカット、退職手当の削減、管理職ポストの削減、特殊勤務手当を削除、シルバーパスの制限、敬老金の改定、機構改革……。

私立高校への助成。環状線の建設。地下鉄12号線。多摩都市モノレール。都庁。都立大。国際フォーラム。東京武道館。葛西臨海水族館。江戸博。多摩中央卸売市場。姉妹都市。新宿副都心。東京オリンピック。地震対策。都民住宅。ゴミのリサイクル。架橋。圏央道。臨海副都心。首都高。営団地下鉄。メトロポリタンテレビ（MXテレビ）。羽田空港沖合展開。大阪万博……。圧倒的な仕事量に感銘を受ける。

都知事引退は1995年であるから、1959年から1967年まで8年間の副知事時代を含め24年にわたって首都東京の内外の整備に邁進している。出身が今の北多摩の昭島市であり、三多摩格差の解消にも力を入れていた。まさに地方行政の生き字引だった。

鈴木はまっとうな官僚であり、大向こうをうならせるような言葉は吐かないが、粕谷一稀が企画し御厨貴のオーラルインタビューで仕上がった475ページの大著『官を生きる　鈴木俊一回顧録』（都市出版）では、いくつか面白いことを言っている。

「終戦といってごまかしているけど、とにかく戦争で負けたことははっきりしている」と笑いながら語っている。敗戦ではなく終戦という言葉はやはりごまかしだったようだ。

「小選挙区制というのは政党構成が二大政党あるいは数個の大政党になっているという現実がないとなれない」。1955年の五十五年体制がそれであった。野党の分裂という現在の政治状況は小選挙区制にはふさわしくないということだろう。

「大蔵省は金、内務省は人」。内務省は地方行政の核となるゼネラリストを育てる風土があった。護民官という言葉があるように、地方は人が行政をやるところなのだ。

防災については、他のところで「市民が自分たちの安全を自分で守るのも当然のことである。公的機関が登場するのは、個人の守備範囲を超えたときのみで、災害当初、市民は『公は何もしてくれない』と思うぐらいの覚悟が必要だ」との見解を示している。

都知事4選の選挙では真向法で柔らかい体を見せて驚かされたことが記憶にある。「地方自治の巨星」鈴木俊一は2010年に99歳で死去。わずかに数カ月100歳に届かなかった。この人の立派な経歴の中でも古井喜実という若いときの上司がたびたび登場する。これほどの人でも大きな転機には必ずこの先輩に相談している。やはり、人には仰ぎ見る「師匠」が必要のようである。

大河原良雄　99歳　（1919年2月5日〜2018年3月29日）

「（日本はアメリカに対して）『NO』と言い過ぎている」

外交官。

大河原は外務省で一貫して日米関係を担当している。最後は1980年から5年にわたった駐米大使である。本省のアメリカ局長、官房長に加えて、1960年代、1970年代、1980年代とアメリカ勤務を3回している。アメリカ側は60年代は無関心、70年代は貿易不均衡、80年代は経済以外にも日本に関心という流れであった。

大河原良雄へのロングインタビュー『オーラルヒストリー　日米外交』を今回読んだ。以下は、その本の内容である。

駐米大使時代は、以下のような事案に取り組んでいる。日米貿易摩擦。イラン石油輸入問題。自動車の対米輸出規制。牛肉・オレンジ交渉。シーレーン防衛。鈴木総理の日米同盟関係発言。日昇丸事件。中曽根総理の不沈空母発言とロン・ヤス外交。対日規制法案。先端技術分野の日米競争……。日本は大平、鈴木、中曽根総理、アメリカはカーター、レーガン大統領の時代だ。

大河原駐米大使がアメリカ全土で講演活動を行なっているニュースを日本でもよく耳にした

し、帰国してからも記者クラブ（外務省、日本、外国特派員）などでも「経済摩擦、対日批判、日本がとるべき対応」などを講演し、日米関係を良好にする努力を重ねた。

ワシントンポスト、ニューヨークタイムスの幹部からは、アメリカ世論を親日にするためには東京の特派員を大事にしろとアドバイスを受けている。また日本の新聞社特派員の記事は時差の関係で夕刊に間に合うから、日本ではトップになりやすい。その記事がアメリカに逆流するというメディアのサイクルが回っている。ここは注意が必要だという。

日米関係は永遠ではなく、互いに努力しなければ良好な関係は続かないという危機感も強い。「相手の事情を理解しあえるよう努力することが不可欠」「お互いに相手に対してショックを与えることのないよう、努力する必要がある」「不断の努力を怠ってはならない」。キッシンジャーは1970年代から、日本はいずれ軍国主義になり核兵器を持つ、と言い続けていたという述懐もある。このインタビューは2002～2003年に行なわれており、30年経ってもそうはならなかったと笑っていたが、それから15年以上経って現在に至っている。世界情勢の変化でどうなるかはわからない。

盛田昭夫・石原慎太郎の『NOと言える日本』という本が話題になったが、大河原は逆に「NOと言い過ぎる日本」とユーモアを交えながら語っている。最初から「NO」と言いすぎているのではないか。相手の反応をみながら一歩ずつ下がるという交渉スタイルは後味が悪いという。難しいアメリカとの付き合いのコツを熟知した人の未来へ向けての貴重な遺言である。

大村はま　98歳　（1906年6月2日～2005年4月17日）

「子どもに考えさせるということをした人が、いちばん教師としてすぐれている」

国語教育研究家。

国語科教師として生涯を貫き、数多くのユニークな実践指導を重ね、主宰した「大村国語教室」では、子どもたちだけでなく、後輩の教師や研究者、そして親にも貴重な刺激を与え続けた教育者だ。

教師のあり方についての言葉がいい。つい忘れそうになる教師の仕事の本道を思い起こさせてくれる。以下、『新編・教えるということ』（学芸文庫）から。

「昨日よりも今日というように、気づいたり工夫したり、教師自身に成長の実感がある。ありあわせ、持ち合わせの力で授業をしない。何事かを加える、何事かを加えられて教室を出る」

「自分の本職たる『教える』ことがすぐれた技術、特殊技術になっていなければならない」

「見方を深くするというためには、教師自身が身を挺した実物をみせなければならない」

「ぬかるみで苦労している車にちょっと指で触れるとすとぬかるみからぬけてからからと車がすすんでいく。これが一級の教師」

「ひとりひとりが自分の成長を実感しながら、内からの励ましに力づけられながら、それぞれが学習という生活を営む、そういう状態。すべての生徒がそれぞれ成長しているという実感、快感」

「段落。中心。つながり。自分の発見。自ら生み出したもの。区分け。関連を考える。構成力。関係、順序……」。大村はまの作文教育は、私の図解教育と同じ思想だった。

坂口謹一郎　97歳
（1897年11月17日～1994年12月9日）

「酒は生き物が造り、その上に人間というう微妙なセンスの動物が鑑賞するのであるから、今、科学にとってこれほど手ごわい相手はたくさんいない」

農芸化学者。

発酵、醸造に関する研究では世界的権威の一人で、「酒の博士」として知られた。結核を患っていたため禁酒令が医者から出ていたが、禁酒令が無意味だったことがわかり、40歳で酒を覚えた。これ以降、体重が増えて健康になった。

「酒によりて得がたきを得しいのちなれば酒にささげむと思い切りぬる」

50歳で歌を詠み始める。旅の途中で「歌のようなもの」を書くくせがあると自嘲しているが、1975年には新春御歌会始めに召人になっているから優れた歌人でもあったのだろう。

「うま酒は　うましともなく　飲むうちに　酔ひてののちも　口のさやけき」

「スコッチのつはものこもる古城にはるけくともるまもりのともしび」

「かぐわしき香り流る酒庫（くら）のうち静かに湧けりこれのもろみは」

「とつくにのさけにまさりてひのもとのさけはかほりもあじもさやけき」
「うつりゆく世相横目にこの余生いかに生きなむと盃に対する」
「うちに千万無量の複雑性を蔵しながら、さわりなく水の如くに飲める」酒がいいとのことだ。吟醸酒のブームを予言していたように思える。

坂口は微生物の培養に用いられる坂口フラスコを発明している。そして1967年には「永年にわたる微生物学の基礎および応用の分野における貢献」によって文化勲章、1974年には勲一等瑞宝章を受章した。那覇の沖縄県酒造組合の前庭には揮ごうした「君知るや　名酒あわもり」の文字が刻まれた大きな石がある。故郷の上越市にはその業績を記念した「坂口記念館」があるが、その建物は元々同じ高田市内にあった旧家を移築したものである。那覇と上越には訪問しなければならない。

ベストセラーになった『世界の酒』（岩波新書）以降、『日本の酒』、『古酒新酒』、『愛酒楽酔』、著作集『坂口謹一郎酒学集成』（全5巻）などを書いた。『愛酒楽酔』の中に、先日訪問した山梨県登美のサントリーのワイナリーの創設時のエピソードがあった。国産のシャンパン酒をつくろうとした日本は、ラインのぶどう酒の専門家であるハムというドイツ軍人を雇って山梨県登美村に東洋一の大ぶどう園をつくるが、大震災もあり荒廃した。寿屋の鳥井信治郎社長が赤玉ポートワインをつくるのに国産ぶどうを使いたいというので、坂口は川上善兵衛の指導を受けることをすすめた。川上は登美の農園を買うことを鳥井にすすめた。こういう経緯が書いてある。また、この本は、１９９２年にサントリー広報室の小玉武に依頼したとある。小玉さんはＴＢＳブリタニカ時代に「知的生産の技術」研究会の出版の関係で私もお会いしたことがある方だった。

酒で健康になった坂口謹一郎は、専門の研究が酒と大いに関係するという特権を縦横に生かした道を迷いなく歩いた。科学にとってまことに手ごわい難敵であった酒は、また１００年になんなんとする97年にわたる生涯の親友であった。今宵は、坂口謹一郎博士をしのびながら、愛酒を堪能しよう。

大西巨人　97歳　（1916年8月20日〜2014年3月12日）

「問題を書くべき。問題の解決ならなお良いけれど問題の提起を。問題点を追求するというものが欲しい。今ですよ。今こそと言うても良い」

小説家・評論家。

幼いときから群を抜いた記憶力で周囲を驚かせた。九州帝国大学に入学した年に日中戦争が勃発し仲間とともに反戦運動に加わり大学を除籍処分になる。その後新聞社に勤める。1942年対馬要塞重砲兵聯隊入隊。1946年綜合雑誌『文化展望』を創刊。『近代文学』同人となる。「おなじ亡ぶにしても東京で亡ぶことを選ぶべきだ」（巨人から妻への手紙）と決心し上京。

対馬で階級による圧力・差別、体罰・言葉による暴力を経験し、『陸軍内務令』に代表される無数の規則を記憶し抵抗した。召集された兵士達が人生を国家に翻弄される不条理を心に刻む。戦後、兵士達の死を美化する戦後社会に強い危機感を持ち、再び戦争へと傾斜してゆく可能性について、警鐘を鳴らし続けた。

妻の美智子が巨人の没後に書いた『大西巨人と六十五年』は、巨人の実像がよくわかる。「就職はしない。執筆によって生活する。おれにしか書けない小説を必ず書く」が信条だった。完璧主義の人。考えを決めたら全力をつくす、保証はないが必ず何とかなる。そういう主義であった。強い意志を持った人だ。

39歳から64歳という働き盛りを費やした渾身のライフワーク『神聖喜劇』は、１９５５年から１９８０年の完結まで25年かかった、４７００枚の大長編小説である。１９６８年『神聖喜劇』の第1巻上第1部「絶海の章」と下第2部「混沌の章」が同時発売。執筆開始から13年だった。25年の歳月、赤ん坊が25歳になる期間を一つの作品に全力を注いだ。谷崎潤一郎賞の候補になったが、巨人はあらかじめ持っていた方針どおり辞退している。

原爆ができてからの後の世界、つまり現代を考える作品である。武力は自衛でも認めない、それが『神聖喜劇』の思想である。この作品は現代日本文学の金字塔と評価されている。上の者の責任にならぬよう下の者へ責任を転嫁する日本社会の体質を「累々たる無責任の体系」と考察するなど、今も続く日本社会に対する明確な問題提起を行なった。軍隊は日本社会の濃度を濃くした縮図であると考えていた巨人は日本軍を描いたのだが、実はそれは「日本人」であり、「日本」であった。２００６年に漫画版（全6巻・手塚治虫文学賞受賞）も出版され、世代を超えて読み継がれている。

ＮＨＫアーカイブス「人×物×録」を見た。「軍隊の本当の姿を書くべきだ。今こそ。時代と社会を描きたい。権力の正体」と語っていたのが印象的だった。本名は「巨人」と書いて、「のりと」と読む。人は名前のとおりの人になる。「おれは１０５歳まで生きて仕事をする」が口ぐせだった巨人は97歳で人生の幕を引いた。大西巨人は終生、問題を鋭く提起し、闘い続けた人である。

山田五十鈴　95歳　（1917年2月5日～2012年7月9日）

「緻密な観察力と、たくましい創造力」

女優。

女優初の文化勲章受賞者。

戦前から戦後にかけて活躍した、昭和を代表する映画女優。１９６０年代以降は舞台女優としても活動し、水谷八重子、杉村春子とともに「三大女優」と呼ばれた。

自伝『山田五十鈴　映画とともに』（日本図書センター）を読むと、この大女優が仕事に目覚め、精進し、ライフワークに挑戦していく成長の姿がよくわかる。結婚を3度しているのだが、そのつど相手からの影響で女優として、人間としての自覚を持ち、そしてそれを乗り越えて歩いていく姿が印象的だ。

結婚して子どもをもうけ、女優をやめる覚悟で最後の一本「浪華悲歌」に取り組むと、芸事に対する執念、貪欲さがわき上がってくる。そして演技者になろうとする強烈な欲望が生まれる。女優を一生をかける仕事だと決心すると、もっと勉強しなければという気持ちがわいてきて、「鶴八鶴次郎」の成功で自信がつき、かつてない貪欲さで勉強に没頭する。そして「私にはしなければならないしごとがあるのだ」という考えがさらに強くなり、「りっぱな演技者であるなら、つねに大衆の愛情と批判によってそだてられていくものであるというきびしさ」を知るようになっていく。

山田五十鈴の回想によれば、「浪華悲歌」「祇園の姉妹」が女優生活の方向を決定し、「鶴八鶴次郎」でかたまって、「或る夜の殿様」で戦中・戦後の私生活を含めたもやもやした空気を取りはらって、ライフワークである女優の道を迷いなく歩いていくようになった。

「人間がちゃんとした目的もなしに生きていることのくだらなさ、はかなさへの反省」、「人間としてのふかい自省というものがどんなにたいせつなものか」、「演技を通じて成長していかなければならない」。

映画女優生活を長年送ってきたが、まだ映画演技の体系ができていないという山田五十鈴は、しかし幾通りもの表現のしかたをいっぱい引き出しのなかにしまって、撮影の現場に持っていかなければ間にあわないと、勉強を続けていく。

「いろんな人間を創造していく方法や、演技の創造方法について根本から勉強しなければならない」「日常の基礎訓練をつみかさねることと、観客の皆さまから教えていただくということが、つねに両立していかないと、ほんとうの俳優としての成長はありえない、人間としてもたかめられることがないのではないか」。何本か観た映画の山田五十鈴の演技には、こういう姿勢があったのだ。

「緻密な観察力と、たくましい創造力」を念頭に演技と表現に一生を捧げた山田五十鈴は、「みて下さる観客に自分のやっているしごとがどんなに大きく影響するかということ、こんなよろこびを感じるしごとは他にないのではないか」と仕事観を語っている。さまざまの人物の創造を試みるという志を持っている大女優の演技が大衆の生活に与える影響はきわめて大きなものがある。山田五十鈴は大いなる女優であり、また人間としても偉い人であった。

第七章

みがく人

中川牧三　105歳　（1902年12月7日〜2008年3月18日）

「好きなことをしているうちに、100年たってしまった。うかうかしているんでしょうけど」

テノール歌手。

1902年からバイオリンを学ぶ。1920年から声楽と指揮を本格的に始めた。ベルリン国立高等音楽学校、ミラノ国立音楽院、国立スカラ座歌手養成所、南カルフィルニア大学で学ぶ。イタリア、アメリカでテノール歌手として活躍。1934年、帰国。第二次大戦中は、支那派遣軍総司令部付幕僚および上海陸軍報道部スポークスマンとして日独伊外交を遂行した。戦後は日本にイタリアオペラを実現する一方で、国家水準の審査で名高い「イタリア声楽コンソルソ」を創設した。100歳を超えても現役の音楽家として活躍した。

『101歳の人生をきく』中川牧三・河合隼雄著（講談社）を読了。この本は、26歳年下の河合隼雄がインタビュアーとなって、中川の人生と仕事に関する考えを聞き出したものだ。高名な心理学者河合隼雄は、101歳でさっそうと指揮棒を振るう姿に感嘆している。

この本では、関わった人たちとの交友を述べている。人生が長く、かつ現役で仕事をしているから、人との出会いは一大絵巻のようだ。
近衛秀磨、斎藤秀雄、吉田茂、三浦環、藤原美江、藤原あき、高木東六、服部良一、李香蘭、谷崎潤一郎、外山雄三、永田雅一、大川橋蔵、北大路欣也、市川雷蔵、勝新太郎、朝日奈隆……。

以下、中川の言葉から。

・歌がなかったら、とうに死んでいたでしょう。オペラとともに、すばらしい音楽とともに、夢の様に過ぎた１０１年でした。
・世に蔓延する偽者に騙されてはいけません。それに近道を望んでもいけません。
・声楽だけは違う。まず鳴らす楽器づくりからはじめなければいけない。
・多いときには年10回ほど日本とイタリアを往復しています。
・好きなことをしているうちに、１００年たってしまった。うかうかしているんでしょうけど。

島田省吾　98歳

（1905年12月13日〜2004年11月26日）

「100歳までは、新国劇の演目でひとり芝居をやる。101歳のひとり芝居、新作を書いてくれないか」内館さん、そこでだ。

新国劇の俳優。

本名は服部喜久太郎。1923年新国劇に入る。「新国劇」は「新旧両派歌舞伎劇を越える新しい日本の劇」を標榜した。歌舞伎と新劇との中間をいく新しい国民演劇の創造を目ざして結成した、剣劇と大衆劇が中心の劇団である。1987年に解散。

恩師・沢田正二郎の急逝後、「動の辰巳、静の島田」と好対照のライバル辰巳柳太郎と協力して新国劇をもりたてた。天衣無縫で豪放な芸風の同年生まれの辰巳とは、ゴルフでも武蔵島田と辰巳小次郎といわれるように、ライバルでかつ親友だった。

新国劇で育った俳優の緒形拳が主役の「国定忠治」の芝居をみたことがある。そのとき、最後に島田省吾が挨拶に立った姿を私もみた記憶がある。芝居について、「厳しいですね。厳しさにチャレンジするのが子どもみたいに楽しいです」と島田は楽しそうに、「ＮＨＫ映像ファイル　あの人に会いたい」の映像で語っている姿も今回みた。

盟友辰巳の１９８９年の死後、島田は１９９１年から「一人芝居」を上演する。85歳であった。「白野弁十郎」以下、年1作ずつ11年間、96歳まで続ける。自他共に認めるライフワークで「１００歳まで続ける」と公言していた。１９９４年には『十時半睡事件帖』で主演する。日本のテレビドラマ主演俳優の最高齢記録も樹立し、話題になった。

冒頭の「１００歳、１０１歳」は、ＮＨＫ朝の連続ドラマ『ひらり』で女性主人公の祖父役で出演して縁があった脚本家・内館牧子に２００１年ごろに語った言葉である。２００２年5月には内館に「やるよ！　１０１歳のシェークスピア！」と声をかけている。この言葉とエピソードは、２００4年11月29日発刊の『随筆　ひとり芝居』の最後に、内館牧子が書いた「あとがき」にある。島田省吾が亡くなったのがその3日前の26日であった。享年98と少し届かなかった。晩年に得た「ひとり芝居」というライフワークを１００歳という目標を持って続けた島田省吾の役者人生も見事なものだ。

森　信三　97歳　（1896年9月23日〜1992年11月21日）

「人はすべからく、終生の師を持つべし。真に卓越する師をもつ人は、終生道を求めて歩き続ける。その状あたかも、北斗七星をのぞんで航行する船の如し」

もり・のぶぞう（通称・しんぞう）は、哲学者・教育者。

愛知県出身の教育者、大学教授、哲学者。天王寺師範学校（後の大阪教育大学）の専攻科講師を経て、1939年に旧満州の建国大学に赴任。敗戦後の1946年に帰国し、翌年に個人雑誌『開顕』を創刊。その後、神戸大学教育学部教授や神戸海星女子学院大学教授などを歴任。1975年に「実践人の家」を建設。全国各地で講演を行ない、日本民族再生に大きく働きかけた。

「例外をつくったらだめですぞ。今日はまあ疲れているからとか、夕べはどうも睡眠不足だったとか考えたらもうだめなんだ」

「一日は、一生の縮図なり」

「一眼は歴史の彼方を、そして一眼は却下の実践へ」

「己を正せば、人はむりをせんでも、おのずからよくなっていく」

「結局最後は、『世のため人のため』という所がなくては真の意味で志とは言いがたい。自己に与えられた条件をギリギリまで生かすことが人生の生き方の最大最深の秘訣である」

「天下第一等の師につきてこそ人間の真に生き甲斐ありというべし」

「一人の卓れた思想家を真に読み抜く事によって、この見識は出来るものなり。同時に真にその人を選ばば、事すでに半ば成りしというも可ならむ」

「人間は何人も自伝を書くべきである。それは二度とないこの世の「生」を恵まれた以上、自分が生涯たどった歩みのあらましを、血を伝えた子孫に書き残す義務があるからである」

師を持て。第一等の師を探せ。それが見つかったなら、その師の思想を読み抜き見識を磨け。その師を満天の星空に不動の位置をしめる北斗七星として人生を航行すべきである。教育者・森信三の言葉には感銘を受けるものが多い。

第八章

気概の人

蟹江ぎん　108歳　（1892年8月1日〜2001年2月28日）

「長生きは気力だがね！」

長寿者。

生まれた1892年（明治25）は、芥川龍之介と同じで、日清戦争が始まる2年前だ。体の弱かった母のかわりに弟妹たちのめんどうを長女のきんと2人でよくみた。22歳で蟹江園次郎に嫁ぎ、5人の子どもをもうけた。100歳を迎えるあたりから、きんさんぎんさんは国民的スーパーアイドルになった。100歳到達時にでた『きんさんぎんさんの百歳まで生きんしゃい』（小学館）で、この長寿者の日常と精神がわかる。毎朝、新聞を丹念に読む。座右の銘は「日々是好日」。歩くのが速い。毎朝「般若心経」を唱え「ナンマンダブ、ナンマンダブ。ありがとうごぜえます」と祈る。以下、ぎんさんの語録から。

「うちん中でジッとしとると体がくさってしまうでぇ」「あんまり人のいうこと聞くといかん。人のいうことにハイ、ハイばかしいうとったら、気力がのうなる」「顔の皺は増えても、心に皺を生やしちゃ、世の中がおもしろうのうなるでにゃあの」「女の子は、よそさまにもろうてもらわないかんでしょ。だから厳しくせにゃならん」「戦争はな、どんな理由があってもしてはいかん。あんなとろくちゃあ（ばかばかしい）ことにお金をいっぱい使って、なんの得にもならん。戦争は絶対反対だ」「くだらんなァ、もっと、わしが感心する質問をせえ」「テレビの取材がにゃあと、ちいっと寂しくなるときもある」……。

こうやって並べてみると、「寅さん」のしみじみとした名言とあい通じるものがある。庶民が身に着けた生き方の哲学と知恵が込められている。それが人気の源でもあった。

それから17年後、きん・ぎんが亡くなった後、主治医と解剖医（ぎんさんの解剖を行なった）の2人が書いた『きんさんぎんさんが丈夫で長生きできたワケ』（あけび書房）では、2人を肉体面から分析している。ぎんさんの肉体年齢は20歳、30歳、40歳若いといってもよいと解剖医は驚いている。1992年、ぎんさんは身長145㎝、体重36キロだったが、最晩年は132㎝と縮んでいる。さかなとお茶が好き。腹八分、家族で食卓を囲む。学ぶのが好き。ぎんさんの信念は「人間は足から死ぬ」である。「長生きは気力だがね！」が口ぐせだった。

この本には、長寿者の共通項が並んでいる。長寿者の性格は、のんき、ほがらか、明るい、くよくよしない、よい人生を過ごしたと思っている。その反面、几帳面、仕事熱心、独立心がある。男女とも依存心が少ない。明治時代の平均寿命は40歳半ばから50歳だった。百寿者は、2007年に3万人を超え、現在では7万人。百寿者のうち105歳以上は超長寿者と呼ぶが、

２００２年８５００人、２００７年１３０００人。超長寿者の壁は高い。２００８年時点では百寿者の出現率は１位沖縄（10万人のうち60人超）、２位島根、３位高知である。

ぎんさんは１０８歳で老衰死であった。１９９２年時点で死因のうち「老衰」は6位となっているが、直近のデータでは３位と増えてきた。畳の上で家族に見守られながら天寿を全うする死である。超高齢社会は、老衰死が増える時代である。

日野原重明　１０５歳　（１９１１年10月4日〜２０１７年7月18日）

「しかし、人間は生き方を変えることができる」

山口県出身の医師・医学博士。

聖路加国際病院名誉院長。

２０１１年10月4日、日野原重明先生の記事と広告が多いのが目立った。日野原先生の満１００歳の誕生日だ。90歳のとき、著書『生き方上手』は１２０万部のベストセラーになり、日本最高齢のミリオンセラー作家となった。

２０１０年11月７日、新横浜の新幹線の待合室で偶然に隣に座って言葉と名刺を交わしたことを思い出す。そのとき、「こんなことをやっています」ともらった名刺は、「新老人の会」の代表という肩書だった。75歳以上を新老人と呼び、自分自身を健康情報の研究に活用しようという団体だ。その75歳から30年という歳月を日野原先生が生き抜いていたのは見事だ。新老人の生き方のモデルである。

最後まで現役の医師であった日野原重明は、90歳を超えた最晩年の鈴木大拙を診ている。48歳だった。１９７０年、福岡での内科学会への途上に日航よど号ハイジャック事件に遭い、韓国の金浦国際空港で解放される。同乗していた吉利和（東京大学医学部教授、犯人に教え子がいた）と、乗客の健康診断をした。事件に遭ったのを契機に内科医としての名声を追求する生き方をやめた。59歳だった。

『文藝春秋』に載っていた「健康心得」10カ条が参考になる。⑴小食（腹七分）、⑵植物油、⑶階段は一段飛びで（絶対にエスカレータには乗らない。競争する）、⑷速歩、⑸いつも笑顔で、⑹首を回す（風呂で首を上下左右に回し、最後は耳が水面に触れるまで横に倒す）、⑺息を吐ききる（うつぶせで眠ると腹式呼吸になり、いびき、肩こり、腰痛がなおる）、⑻集中、⑼洋服は自分で購入、⑽体重、体温、血圧を計る。

「本当に学ぶべきなのは、問題とどう取り組むか、どういう戦略を立てるべきかということである」

「死はグッバイではなく、シー・ユー・アゲインなのです。天国でまたお会いしましょう、というしばしのお別れです」

今までやったことのないことをする。会ったことのない人に会う。そして常に自己革新を続ける。１０３歳で初めて馬に乗る。１０４歳の誕生日には１００歳から始めた俳句を１０４つ収めた初めての句集を出版する。そしてフェイスブックも始めている。やるべき崇高な仕事があり、その生き方が多くの人に夢と希望を与える大きな人生だった。人生１００年時代のモデル、１０５歳まで生き切った日野原重明は聖なる人となった。

水島廣雄　102歳
（1912年4月15日〜2014年7月28日）

「小を大に、大をトップに育てることこそ人生の快事である」

実業家、民法学者。

東洋大学名誉教授、法学博士。

1936年に中央大学法学部を卒業し、日本興業銀行（現・みずほ銀行）に入行した水島廣雄は、サラリーマン生活を送りながら「不動担保の研究」で法学博士号を取得。東洋大学法学部教授を兼務し、担保法の権威だった。

1958年に副社長として入社した当時の「そごう」は、大阪、神戸、東京の3店しかない中堅百貨店にすぎなかった。社長就任時、売上高数百億円の弱小デパートだった。約30年後の1991年、老舗百貨店を抜いてグループ売上高を1兆2000億円まで伸ばして、「日本一の百貨店」の栄冠をつかみ、デパート王と呼ばれるまでになった。思い切った多店舗展開で、都心ではなく都下や千葉市、横浜市など東京周辺部駅前一等地に地域一番店を出店、一時は国内外合わせ40店舗を誇った。バブル崩壊後、過剰投資が裏目に出て、過去最大の1兆8700億円の負債を抱えて、民事再生法の適用を申請し、破綻に至った。

「負ければ賊軍。でもね、横浜などにそごうは残せたね」。30代のころ、横浜そごうがオープンして以来、私も家族と一緒に「世界の人形時計～からくり時計」を楽しんでいる。確かに、経営破綻はあっても、「法人は死せず」だ。

大都市から一定の距離を置いて虹のように取り囲んで出店するレインボー戦略を、国道16号線を対象に具体化している。高度成長で増加したサラリーマン層を吸収した公団、団地、マンションが林立する地域である。横浜、多摩、柏と、16号線上にそごうがあった。川口、大宮、千葉、茂原のそごうもその戦略の一貫だったのだろう。多摩そごうも、鈴木俊一・元東京都知事が「人口30万人になります」と押したが、実際には15万人にとどまった。多摩地域では多摩センター・南大沢・橋本・八王子と、半径10キロメートル程度の範囲に4店舗を出店する計画があり、橋本を除き、実際に出店している。

「破綻の責任はある。しかし決して放漫経営ではなかった」と本人が言うように、行政に頼まれ、銀行に後押しされて出店した店も多かったのである。

水島廣雄は、小を大にし、その大をトップに育てた怪物である。「メーカーの時代は終わった」と言った中内功のダイエー、「安く仕入れたら安く売れ」と言った和田良平の八百半、「愚直さが相手の心を打つのです」と言った堤清二の西友など、成功と失敗を経験した彼らも水島と同じく人生の快事を成し遂げた人たちである。

　水島廣雄は、さらに１０２歳での大往生という快事をも成し遂げている。「年配者は貴重な体験を明日に活かせ、若者は夢をもて」と励まし続けた人柄を慕う人も多く、１００歳のお祝いの会には２５０人が出席している。水島は波瀾万丈を生き切った百寿者（センテナリアン）である。

松本重治　98歳

（1899年10月2日〜1989年1月10日）

「日米関係は日中関係である」

　ジャーナリスト。

　財団法人「国際文化会館」理事長。アメリカ学会の会長。

　松本重治は東大を出たが官禄を食むことはしたくない、会社や銀行にも入りたくないとブラブラし、アメリカに留学をする。そこで漠然と「国際的ジャーナリスト」になりたいという希望と、アメリカと中国について関心を抱くようになる。1929年の京都での太平洋会議にセクレタリーとして参加。その後、この会議の延長線上に、多くの「奇縁」とともに人生が展開していく。

満州事変後の排日・抗日の嵐の中でジャーナリトとして上海に赴任した松本重治は6年間（1932〜1938年）にわたって日中関係をテーマに仕事をする。内外の政治家、外交官、財界人、ジャーナリストとの多彩な交友を重ね、日中関係の正常化と和平の実現に尽力する。当時の中国の指導者はほとんどは日本留学の経験者だった。内外の主要な人々が松本重治のまわりを巡る。どの人も国益を念頭に置いて国際関係を考え仕事をしていく。立派な日本人と立派な中国人が織りなす絵柄としての歴史は大変に興味深い。

1972年の日中国交回復時には周恩来首相から、「水を飲むときには井戸を掘った人を忘れないと言う諺が中国にはあるが、岡崎先生（岡崎嘉平太）と松本先生（松本重治）はその1人です」と感謝されている。

松本重治は「日米関係の核心的問題は中国問題である。日米関係は日中関係である」という謎めいた言葉を吐いている。日中関係は、その背景としてそのときの米中関係が色濃く反映するという意味で、単体としての二国間関係ではありえないということを示唆していて味わい深い。後に大平正芳も「日中関係というけれども、実際は日台関係だよ」と口癖のように外務省職員に語っている。日中関係を考えるときに、寛大な戦後処理をしてくれた蒋介石率いる台湾との友好関係をどうするかが、頭の痛い問題であるという意味だった。日台関係、日中関係は、実際は日日関係の部分が大きかった。日本と中国との関係、日本と台湾との関係は、国内の中国派と台湾派との関係に尽きるということなのだ。

つまり、「日中関係は日米関係」「日中関係は日台関係」「日中関係・日台関係は日日関係」というようにぐるぐるとまわっており、外交というものは国内政治の反映なのである。

松本重治が館長を務めていた六本木の国際文化会館。ＪＡＬ時代はこの会館には縁があってよく訪れていたが、ここを舞台に日中・日米関係を中心に国際関係の歴史がつくられていったのだと改めて松本重治らの仕事に敬意を抱いた。

流　政之　95歳

（1923年2月14日〜2018年7月7日）

「西洋とは違う、東洋あるいは日本ならではの『もうひとつの彫刻』の形をとり戻したい、整えたい」

彫刻家、作庭家。

父親は政治家で立命館大学創設者の中川小十郎。流政之の経歴の中では二つのことに注目したい。京都の立命館大学で、立命館日本刀鍛錬所に出入りし、刀鍛冶桜井正幸の門をたたき、作刀、研ぎに夢中になった。そこで軍刀をつくれとの達しに抗して仕事場に火を放ったこと。もう一つはそのことがきっかけとなり海軍士官となりゼロ戦パイロットになるが、特攻出撃を待つうちに敗戦となり、倒れた墓をおこして歩く全国各地の放浪の旅にでる。その後、独学で彫刻を学ぶ。１９５５年の初個展のテーマは鎮魂だった。反応が冷たく、アメリカに行く。

彫刻では、抽象、具象、石彫、木彫、コルテン鋼。そして建築から修景から作庭までという膨大な量の仕事をした。流の造形感覚の根底に影響を及ぼしたのは刀の焼き入れの仕方であり、また石を割った面を磨かずに残す「割れ肌」という手法も斬新で影響を与えた。東洋のミケランジェロ、サムライ・アーチストと呼ばれた。

作品と同じく、人物も独特だった。司馬遼太郎は「風のような男だな、と私は思った」と言い、アメリカで出会った江藤淳は「彼は戦いつづける男であった」との印象を持ち、20代から知っている瀬戸内寂聴は「流れものの政やん」と流を評した。旅、酒、料理、女との出会いで、五感を鍛錬した。これがアイデアの源泉であった。直観力・洞察力・創造力・組織力・説得力にすぐれた人物であったようだ。

流政之自身の言葉を拾ってみよう。「すべてこの世はつくるが勝ち」「質より量。たくさんの試みを行なうということ。その中に可能性がある」「生涯で1万点は超えたい」「インスピレーションはじゃんじゃんわく。イライラして腹を立てると、言葉をきっかけにパッと形ができるとか」。

以上に見るように、流は質より量を重視した作家である。「受けて立つ」という人生観で、頼まれた仕事をこなしているうちに、次のように、1000以上の日本各地でみることのできる膨大な作品群、そして海外にも作品を残している。

北海道大沼の彫刻公園ストーンクレージーの森の「もどり雲」。熊本県立美術館細川コレクション永青展示室利口の「KOKEKE　MUSHA」。浜松駅前の「MATAKITALA」。ながれ地蔵。ナガレバチ。MOMO。明日の肌。飛。神戸海援隊。サキモリ。波かぐら（東京海上日動火災ビル）。レリーフうみたまご。ヨカアシタ。神威流。時の扉。乱世開眼。風神。島サキモリ（彫刻公園北追岬、奥尻）回天が原（彫刻公園北追岬、奥尻）。海卵。雲の砦（北海道知事公邸）。あほんだら獅子（千里中央公園）。石神楽（香川国際交流会館）・天門（神慈秀明会）。江戸っ子（浜松町貿易センタービル）。恋車社（大分県庁舎）。ピリカ（札幌ＪＲタワー）。くぐりびす（東京海上日動火災ビル）。風の石箱（東京三菱ＵＦＪ銀行）。海外では、生まれ変わり（ジュリアード音楽院）。結ばれた二つの行方（セントルイス市立美術館）。太平洋の赤ん坊（バンク・オブ・アメリカ）。のぼり太鼓（ＩＢＭ本社ロビー）……。このように並べたのは、それぞれの作品の写真が印象的だからだ。実に魅力がある。

「形はつくるものから求める人々へ手わたすことによってこそはじめて生命をつかむものである」「海に向かってたつ彫刻は人間のためにつくるのでなく、海もまたこれを見つめる権利をもっているのである」

日系アメリカ人のミノル・ヤマザキが設計したニューヨークの世界貿易センタービル広場に設置された流政之「雲の砦」は、予感のとおり９・11同時テロで消え去った。

制作拠点にしていた高松市のナガレスタジオは、「流政之美術館」として近々、公開されるとのことだ。敷地面積は約１万９５００平方メートル、建物面積は約３５０平方メートル。れんが造りで城塞（じょうさい）さながらの外観をしており、流作品の一つとも称される。約400点の作品がスタジオ内にあるから、一気に流の作品を堪能できるわけだ。ここは訪ねたい。

これほど「量」にこだわった彫刻家もいないだろう。95歳で亡くなるまで作品をつくり続けた。計画なしに感性にまかせて反復するうちに、ふっといい作品ができることがある。頭がかすむほど数をつくるとそういうことがおこる。やはり数が大事なのだ。たくさんの試み、その中で考えていく。それが流政之という作家極道の方法論だ。「日本ならではのもう一つの彫刻」は、鍛錬によって美しい面を持つようになった「日本刀」と、石の「割れ肌」を磨かずそのまま使うという相反する方法から生まれたのだろう。

第九章

健やかな人

成田きん　107歳

（1892年8月1日〜2000年1月23日）

「老後の蓄えにします」

長寿者。

双子の妹は蟹江ぎん。100歳を過ぎても元気な姿は「理想の老後像」といわれ、1990年代の日本において国民的な人気を得た。きんは心不全で107歳で没。4男7女をもうけ、この戦争で長男と次男を中国大陸の戦地に送った。ぎんは老衰で108歳で没。4女をもうけた。

ダスキンのテレビCM「きんは100歳100歳、ぎんも100歳100歳。ダスキン呼ぶなら100番100番」で全国的に有名になる。1992年2月に『きんちゃんとぎんちゃん』でCDデビューし、日本での最高齢レコードデビュー記録を更新。1992年9月15日の敬老の日、NHKがドキュメンタリー番組『きんさんぎんさん100歳の時間（とき）』を放映、名古屋地区で31・0％の視聴率を記録。1992年12月（100歳）と1998年12月（106歳）に『徹子の部屋』にゲスト出演。1993年にはNHK『第44回NHK紅白歌合戦』に応援ゲストとして出演。1993年には春の園遊会に招かれた。1995年には「金銀婆婆」と呼ばれ人気を得ていた台湾へ招かれて103歳で初めての海外旅行。きんは放送大学の科目履修生にもなっている。1992年のテレビ出演回数は延べ40回近くにのぼった。

きんの2000年の死去時点で、子が6人、孫が11人（内孫2人、外孫9人）、曾孫7人、玄孫が1人いた。2018年3月18日、ダスキンの新聞広告にぎんの三女（千多代・99歳）と五女（美根代・94歳）が起用された。2019年1月現在長女と三女は健在である。

2人ともマスコミで取り上げられ始めたころは全白髪であったが、メディアに取り上げられるにつれ黒髪が増えていった。当初は中度の認知症であったが、有名になるにつれて改善した。常に新しい経験と刺激、そして下半身を中心とした筋力トレーニングによる脳への刺激が認知症に有効であることの実証例として注目された。

100歳になってメディアへの出演などでお金が入る。「お金を何に使いますか？」という問いに対して、2人揃って「老後の蓄えにします」と答えて話題になった。100歳からでも老後があるということだろう。まだ老いてはいない、まだまだ先があると意識しているように感じられる。人生100年時代を迎えようとしている今、この発言は単なるユーモア以上の含蓄がある答えである。

塩谷信男　１０５歳　（１９０２年３月24日〜２００８年３月14日）

「人生、いまだ途上なり……」

医師。

山形県生まれ。１９２６年東京帝国大学医学部卒業。１９３０年「剔出腸管の薬理学的知見補遺」で医学博士。１９２６年京城帝国大学医学部助手、28年助教授。１９３１年東京・渋谷に内科医院を開業。

34歳、ゴルフを始める。60歳、正心調息法を完成。65歳、シングルになる。エイジシュートは87歳、92歳、94歳。一年を通じて週1回のゴルフ。スコアは年齢と同じ１００前後でまわった。こうなると毎回がエイジシュートへの挑戦ということになる。

健康長寿とは、中身の伴った長寿であるとして、自ら発見した「正心調息法」を実践した。「前向き」「感謝」「愚痴を避ける」という心がけで日常生活を正しく保つ「平凡中庸」の正しい心。長く、深く、ゆるやかな丹田にまで届く複式呼吸の深い呼吸という調息。そして、すでに実現できたという強いイメージで願いを叶える強い想念。

１００歳までは「常寿」、それからが長寿であり、「人生、いまだ途上なり……」がモットーだった。

三輪壽雪　102歳　（1910年2月4日～2012年12月11日）

「健康第一。体調は作品に表れるので、体調の悪いときにいくら頑張っても良いものはできん。健康は基本じゃ」

陶芸家。

山口県萩市出身。代々萩焼を家業とし、旧萩藩御用窯であった三輪窯の九代休雪・三輪雪堂の三男として誕生する。旧制萩中学校卒業後、兄・十代休雪を助けながら伝統技法を学ぶ。1941年、川喜田半泥子に師事し、茶陶の制作技法を身につける。独立までの約30年間ひたすら修練に打ち込む。

1955年に作家活動を開始。1957年日本伝統工芸展に初出品した「組皿」が入選し、1960年には日本工芸会正会員になるなど、高い評価を受けた。萩焼の伝統的な茶陶の作風に新たな展開を示した。純白の藁灰釉による「休雪白」の作品を発表している。１９６７年、兄の休雪の隠居後、三輪窯を受け継ぎ十一代休雪を襲名。１９７６年紫綬褒章、１９８２年には勲四等瑞宝章を受章、１９８３年4月13日に重要無形文化財「萩焼」保持者に認定された。兄弟での人間国宝認定は陶芸界で前例のない快挙だ。

近代萩焼の革新者であり、それまで注目されなかった桃山時代の雄渾なスタイルを現代に甦らせることで、現在美術としての萩焼を創出させた。美濃焼における荒川豊蔵、唐津焼における中里無庵、あるいは備前焼における金重陶陽らに、匹敵する人である。

「若い連中がまねしてやろうという根性になってはだめ。自分の仕事の力になるように受け止めないと」

すべての作陶過程を自らの手で行なうことにこだわりを持ち、晩年まで活動を続けた。２０１２年12月11日、老衰のため死去。１０２歳没。百寿（１００歳）の上もあることが今回わかった。茶寿（１０８歳）、皇寿（１１１歳）、大還暦（１２０歳）。三輪壽雪は胃腸が悪く、長生きしようと自分で健康法を編み出して実践した。4時半に起床し、体操と全身マッサージを1時間半。その後、無農薬野菜をつくる畑仕事を1時間。冷水を2杯飲んで朝食。就寝は9時半。体が弱かったことが、かえって長生きにつながった。体調管理はどのような分野でもいい仕事をするための基本である。

三輪壽雪は「不器用は、不器用なりに。茶碗の場合はの。器用すぎてもいかんのじゃ、これは。茶碗の場合はの。器用すぎるほど、土が伸びてしまっていかんのじゃ。やっぱし技術的には稚拙なところが、多少はあるほうが茶陶、茶碗としては、好ましい雰囲気のものになるわけじゃ」と不器用を克服し、健康第一の心がけで百寿の名人になった人だ。30年の修業期間を経ての45歳からの作家活動は遅いと見えるが、100歳を超えるまで半世紀以上の時間があったことになる。この人も遅咲きといえる。

三笠宮崇仁　100歳（1915年12月2日〜2016年10月27日）

「人生というものはおもしろいものである。一喜一憂すべきではない」

旧皇族、歴史学者、陸軍軍人。

幼少時より「童謡の宮さま」と呼ばれるほど文才があった。学習院中等科終了後、陸軍に入る。陸軍士官学校、陸軍大学卒。戦術と戦史が中心の陸大で、血の通っている生きた人間の肌に触れる戦史に興味を惹かれ、後に歴史学の道を歩む。

戦時中、兄の大元帥陛下に、中国がつくった日本軍の残虐行為をテーマにした勝利品の映画を見せている。日露戦争からわずか20～30年しかたたないのにどうして軍紀がゆるんだのかと考え込む。石原莞爾擁立運動や東条英機首相暗殺未遂事件にも関与した。

1946年、枢密院本会議において、日本国憲法制定の採決が行なわれた際、GHQによるマッカーサー憲法であり日本人の手によるものではないとして、採決を棄権している。一方で、日本国憲法第九条の非武装中立については支持した。

終戦後、「『格子なき牢獄』から解放された」ので生活環境が激変したと述べている。「井の中の蛙」を脱して、人間の情熱をかきたてる根本的な要因を探究しようと、東大文学部の研究生となる。東京女子大などで歴史を講義し、「宮さま講師」と呼ばれた。語学に堪能で、流暢な中国語・ヘブライ語を操る。「菊のカーテン」という言葉を最初に使った。

「われわれは歴史のなかから、人間社会がいかに変わっていくかをはっきりとつかみとって、人生ももつれた糸をほぐしていなかければならない」

「偽りを述べる者が愛国者とたたえられ、真実を語る者が売国奴と罵られた世の中を、私は経験してきた」

　歴史を通じて全世界を支配している宗教的思想の基礎が古代オリエントにあり、ユダヤ教が確立され、キリスト教、イスラム教、そしてマルキシズムにもその影響があるとし、社団法人日本オリエント学会を設立し、会長となる。また、財団法人中近東文化センターが設立された際には、総裁を引き受けている。

　『帝王と墓と民衆――オリエントのあけぼの（付・わが思い出の記）』（カッパブックス、光文社、1956年）、『乾燥の国――イラン・イラクの旅』（平凡社、1957年）、『大世界史1　ここに歴史はじまる』（文藝春秋、1967年）、『生活の世界歴史1　古代オリエントの生活』（河出書房新社、1976年、のち文庫）、『古代オリエント史と私』（学生社、1984年）、『古代エジプトの神々――その誕生と発展』（日本放送出版協会、1988年）、『レクリエーション随想録』（日本レクリエーション協会、1998年）、『文明のあけぼの――古代オリエントの世界』（集英社、2002年）、『わが歴史研究の七十年』（学生社、2008年）。以上にみるように著書も多い。私は『古代オリエント史と私』を読んだ。

　心不全のため薨去。享年102（満100歳）。1915生まれ。明治天皇の崩御からわずか数年の第一次世界大戦の真っ最中に生まれて、昭和の士官学校時代には、5・15事件、2・

26事件に遭遇し、兄陛下の沈痛な面持ちをみている。そして、大東亜戦争、戦後民主主義、高度成長、バブル崩壊、平成時代、そして21世紀の初頭の10数年を生きた。「人生というものはおもしろいものである。一喜一憂すべきではない」というセンテナリアン（百寿者）三笠宮の言葉には重みがある。

安西愛子　100歳　（1917年4月13日〜2017年7月6日）

「朝はどこから来るかしら　あの空越えて　雲越えて　光の国から　来るかしら　いえいいえ　そうではありませぬ　それは希望の　家庭から　朝が来る朝が来る」

日本の童謡歌手、声楽家、政治家。

東京音楽学校声楽科、1942年大学院研究科卒業。コロムビアレコード専属の歌手となり、童謡「お山の杉の子」がヒット。1949年から1964年までNHKラジオ「歌のおばさん」に出演。「めだかの学校」「朝はどこから」「ぞうさん」などの童謡を広めた。1971年から、

自民党参議院選を3期連続当選。北海道開発庁政務次官、自由民主党政策審議会副会長。

・朝はどこから来るかしら　あの空越えて　雲越えて　光の国から　来るかしら　いえいえそうではありませぬ　それは希望の　家庭から　朝が来る朝が来る「お早う」「お早う」昼はどこから　来るかしら　あの山越えて　野を越えて　ねんねの里から　来るかしらいえいえそうでは　ありませぬ　それは働く　家庭から　昼が来る来る　昼が来る「今日は」「今日は」

・めだかの学校は　川のなか　そっとのぞいて　みてごらん　そっとのぞいて　みてごらんみんなで　おゆうぎ　しているよ　めだかの学校の　めだかたち　だれが生徒か　先生かだれが生徒か　先生か　みんなで　げんきに　あそんでる　めだかの学校は　うれしそう水にながれて　つーいつい　水にながれて　つーいつい　みんなが　そろって　つーいつい

・ぞうさん　ぞうさん　おはなが　ながいのね　そうよ　かあさんも　ながいのよ　ぞうさん　ぞうさん　だあれが　すきなの　あのね　かあさんが　すきなのよ

安西愛子は、50代半ば以降は政治の世界で活躍するのだが、私にとっては「歌のおばさん」だ。「めだかの学校」「朝はどこから」「ぞうさん」、私はこの3つは今でも歌えるから、この人の影響が深く私にも残っているのだろう。改めて歌の威力に感じ入る。

横田喜三郎　96歳（1896年8月6日〜1993年2月17日）

「いやはや長生きすれば、新しいことを聞く」

国際法学者、第三代最高裁判所長官。

33歳、東京帝大教授。52歳、東大法学部長。60歳、定年退官。64歳、最高裁判所長官。69歳、定年退官。77歳、津田塾大学理事長。78歳、文化功労者。85歳、文化勲章。

横田喜三郎によれば「満州事変がはじまってから、太平洋戦争が終わるまで、15年間を通じて、わたくしが一貫して軍事行動に反対し、それを批判し、平和への道を主張した」「反発し、批判と反対の意見を新聞や雑誌に載せた」とのことである。そのため、戦後メディアから評論を頼まれ、各地での講演を依頼されている。

現憲法は平がな口語体で書かれている。この点に横田はかかわりを持った。平易で親しまれるものにしたいという政府の方針のもとに、国語問題の権威であった山本有三に意見と助言を求めた。山本は法律家の横田に意見を聞いた。「いっそのこと、平がな口語体で書いては、どうでしょうか」と言い、二人で前文と条文を書いてみた。法律の世界で、憲法を平がなで書くということは革命的なことだったが、結果的にそれが採用された。その他の法文もすべて平がな口語体になった。条約も、裁判の判決も官庁の文書も平がな口語体となった。これは決定的な影響を及ぼしていき、全法律的世界の革命的な改革となった。横田喜三郎『世界と共に歩む』の中では、もっとも印象に残るエピソードだった。「世界と共に、世界を友として、平和に歩まなければならない」が信念だった。

学者や裁判官は規則正しい生活ができるとした横田喜三郎は長生きを自覚していた。3カ月か、6カ月ごとの定期健診を受診し、76歳で胃がんを発見し手術し健康体に戻っている。90歳でスケートはやめた。95歳時点で、週2回はテニスという生活である。

浄瑠璃に「いやはや長生きすれば、新しいことを聞く」というセリフがある。それが長寿の喜びであるという。長生きしたからこそ、ベルリンの壁の崩壊前後のヨーロッパの大変動をみることができたことを、若いころから国際関係を専門にした横田は喜んでいる。新しい世界の潮流をみることができる。人の言説の正誤などを確認できる。長く生きることで、人は時代の先を見、人生の高みにのぼることができる。

笹川良一　96歳　（1899年5月4日〜1995年7月18日）

「日々これ粗食で九十、百は働き盛り」

政治運動家、社会奉仕活動家。

国粋大衆党総裁、国際勝共連合名誉会長、衆議院議員、財団法人日本船舶振興会（現・公益財団法人日本財団）会長、全日本カレー工業協同組合特別顧問、福岡工業大学理事長を務めた。称号は箕面市名誉市民。勲一等旭日大綬章、勲一等旭日大綬章受章者。

「ファシスト」「日本の黒幕」「ギャンブルの胴元」「日本のドン」「戦後のフィクサー」「競艇屋の怪物」「右翼の大立者」「政界の黒幕」「名誉心と自己顕示欲のかたまり」と、笹川良一の悪名は高いが、本人は「有名税だ」「大木は風当たりが強い」と意に介さなかった。ユーチューブでみる笹川は、鋭い眼光、健脚、良い姿勢、素敵な笑顔と善意の人という印象で、その落差に戸惑う。

A級戦犯容疑者として入獄運動を行ない、国粋大衆等そのほかの超国家主義的諸団体の指導者という理由で晴れて巣鴨に入獄。34歳の児玉誉士夫から平沼騏一郎の78歳までの戦犯がいた。獄内では高位高官たちを励まし、刑務所内での待遇改善と裁判技術を指南した。天皇に御迷惑を及ぼさずにすんだと、東条英機は最後まで自分を激励してくれたと笹川に感謝している。笹川は巣鴨プリズンのことを「人生最高の大学」と評して、「ここは娑婆の二十倍、三十倍勉強になる」と語った。

出獄後は、入獄者の支援、釈放のための活動を開始し、家族援護も行なった。支援を受けた人たちからの礼状は3000通以上も残っている。個人的善意からであることは間違いない。税申告した残りを福祉に使うというやり方で、ポケットマネーで遺族や留守家族の交通費、小遣い、就職の世話、病気の費用まで面倒をみている。

笹川は全国モーターボート競走連合会を設立し、収益を公益事業に充てた。公営事業である全モ連の最盛期には収入は2兆円に達した。交付金は660億円で、船舶関係事業と社会福祉事業に充てている。だから、「競艇はギャンブルではなくて慈善事業である」というのだ。

「私の悲願は、この地球上から悲願は戦争と貧困と病気、不平等を追放するところにある」という笹川は50年前から準備し、75歳で、天刑病とまでいわれたハンセン病撲滅の覚悟を決める。国内と世界中の施設を慰問し、握手し、食事を摂り、肩を抱き合って励ました。「人生の目的を達成するためには、金はないよりあったほうがいい。ましてや儲けた金の大部分を福祉事業に寄付するのが目的だから、なければ不可能だ。要は脱税を犯していなければいいのであって、スーパーを興して儲けようと、公営ギャンブルで儲けようと金銭に貴賤はない」。

子どものころからの友人・川端康成には、「君のように学問のある者は学問をもって世の中に奉仕する、多少でも金のあるものは金で奉仕する、それが私の主義だから」と言っていた。

「1976年からの子ども向け番組などの前後にテレビCMで名前と顔が知れ渡った。火の用心」「一日一善」。「世界は一家　人類みな兄弟」「お父さん　お母さんを大切にしよう」というメッセージは私も見ている。

女性関係も派手で、過去の女が亡くなったときに短冊に名前を書くという習慣を持っていた。最晩年には70人近い名前が並んだそうだ。

西郷隆盛の「子孫に美田を残さない」を信条とし、「金銀財宝、別荘や骨董品も死と同時に身から離れる」と考えていた。財団に入った三男・陽平は財産は本当に残っていなかったと苦笑いしている。ハンセン病予防等の福祉関係に使い切って終わったのだ。日本船舶振興会は、死後に日本財団に名称変更している。

「日々これ粗食で九十、百は働き盛り」と言い、実際に96歳の長寿であった。その秘訣は最晩年でもビルの10階くらいは駆け上がったという足腰の強さや粗食以外にも、風呂の湯は桶の半分にしたなど、贅沢を嫌ったことにあったのだ。

第十章

つくる人

飯田深雪　103歳　（1903年10月9日〜2007年7月4日）

「毎日を創造的に過ごす生活に飽きはこない」

料理研究家。アートフラワーの創始者。

戦後の1948年から西洋料理および造花を教え始め、その花を「アートフラワー」と命名する。1964年、（株）深雪スタジオを設立し、アートフラワー師範制度を確立。以降、内外の百貨店、ホテルなどで数多くの展覧会を開催する。イベントでは英国エリザベス女王、カナダのトルドー首相、モナコのグレース王妃、シラク・パリ市長などとの接触もある。1982年には著書は100冊となった。1992年、フランス芸術文化勲章オフィシェ章を受賞。2003年、レジオンドヌール勲章シュヴァリエを受章。NHKテレビの「きょうの料理」に初期から講師として出演し、西洋料理の普及にも尽力した。著書は129冊、随筆6冊。

「アートフラワーと料理」に共通するのは、「創造」である。「自分は今、何を果たすべきかを第一に考え実行するとき、不思議に心に充実感と幸福がみなぎります」。どうすれば心の満足を得られるのかを考えるのではないのだ。飯田深雪は「生涯勉強、勉強くらい人生を明るくし、人間らしい充実感で充たしてくれるものはない」と言い、103歳というセンテナリアン人生を創造的に生き、充実感と幸福感を手に入れた。日々を創造的に生きているか、を自分に問いかけよう。

松原泰道　101歳　（1907年11月23日〜2009年7月29日）

「人の心に光を灯す説法をしたい。そのために生きている間は学び続けたい」

臨済宗の僧侶。

東京府生まれ。早稲田大学文学部卒。岐阜県の瑞龍寺で修行したのち、臨済宗妙心寺派教学部長を務める。

還暦を過ぎた1972年に出版した『般若心経入門』（祥伝社刊）は記録的ベストセラーとなり、仏教書ブームのきっかけを作った。1976年に発足した宗派を超えた仏教者の集い「南無の会」会長をつとめた。南無の会は仏教の基本的な教えを学んでもらう活動を行なった。この会は1984年には正力松太郎賞を受賞している。1989年には仏教の普及・伝道に功績があった者に授与する賞である仏教伝道文化賞を受賞。１９９９年には、禅を基本とした宗門向上の諸活動に功績があった個人・団体に贈られる禅文化賞を受賞。影響力の大きな僧侶である。

１００歳で『人生を癒す百歳の禅語』を出版していることに驚いた。この本の中で、心頭滅却、柳緑花紅、眼横鼻直、一期一会、などの禅語を解説している。２００９年、肺炎で１０１歳で死去。様々な賞の受賞でわかるように禅僧としての精力的な活動以外にも、１００歳での出版という快挙、１００冊を超える著書の出版という影響の大きさ、そして１０１歳という長寿での臨終、この人は敬服すべき百寿者である。

「生涯修行、臨終停年」「人生、還暦からが本当の自分の人生だ」「人生不可解なり。といって華厳の滝を飛び降りた人が居ましたが、人生不可解だから学び続けるのであり、学べば学ぶほど分からないことが出て来るから永遠に学び続けるのです」

自分自身で己の心・精神の働きを観察し続ける内観という方法を用いて、完全な人格者となることを目的とするのが禅の修行である。松原泰道は、内省し、学び、自分を磨き続け、そこで得た真理で説法し、人々の心に光を灯し続け、多くの人を救った。この人は禅の道を生きぬいた名僧である。

坂村真民　97歳　（1909年1月6日〜2006年12月11日）

「クヨクヨするな。フラフラするな。グラグラするな。ボヤボヤするな。ペコペコするな」

詩人。

相田みつを記念館で開催された「相田みつをと坂村真民」展を覗いた。

熊本県荒尾生まれ。8歳で父を失う。神宮皇學館卒業。25歳朝鮮で教職。36歳で終戦。帰国後、愛媛県で高校教師を務め、65歳で新田高校を退職。以後、詩作に専念する。

四国に移住後、一遍上人の信仰に随順し、仏教精神を基調とした詩の創作に転じる。41歳、個人詩誌『ペルソナ』創刊。1937年、53歳月刊個人詩誌『詩国』を創刊、森信三と会う。71歳、正力松太郎賞。80歳、NHK「念ずれば花ひらく」放映。95歳、『詩国』500号にて終刊。2006年、96歳にて没。

この人の詩は心を打つ。

高校教師をしながら詩作を行ない、定年後に30年間にわたり詩作に専念している。遅咲き派である。

凡才。長生き。本気。自分の花。こつこつ。……こういう言葉には、重みがある。真民五訓「クヨクヨするな。フラフラするな。グラグラするな。ボヤボヤするな。ペコペコするな」「人間は本ものに出会わないと本ものにならない」「凡才には長生きの手しかない」「すべて　とどまると　くさる……」「あせるな　いそぐな　ぐらぐらするな」

本気になると
世界が変わってくる
自分が変わってくる
変わってこなかったら
まだ本気になっていない証拠だ
本気な恋
本気な仕事
ああ
人間一度
こいつをつかまんことには

悟りとは
自分の花を咲かせることだ
どんな小さい
花でもいい
誰のものでもない
独自の花を
咲かせることだ
中年の人よ　自己と戦え
孤独になれば　孤独と戦い
名声を得れば　名声と戦い
いつも手綱を　引き締めよ
不遇だった時を　忘れるな
貧乏だった時を　思い出せ
つねに謙虚であれ
奢りは悪魔の誘いだと思え

天才でない者は
これからだ
これからだと
叫び続け
言い続け
息絶えるのだ
こつこつ
こつこつ
書いてゆこう
こつこつ
こつこつ
歩いてゆこう
こつこつ
こつこつ
掘ってゆこう

よわねをはくな
くよくよするな
なきごというな
うしろをむくな
ひとつをねがい
ひとつをしとげ
はなをさかせよ
よいみをむすべ
すずめはすずめ
やなぎはやなぎ
まつにまつかぜ
ばらにばらのか

住井すゑ　95歳

（1902年1月7日〜1997年6月16日）

「生きるとは創造すること」

小説家。

講談社の婦人記者を経て文筆活動に入り、小説・児童文学などを執筆する。小学館児童文化賞第1回受賞者。農民作家犬田卯との結婚後は、ともに農民文学運動を展開した。被差別部落の問題を描いた、未完の長編『橋のない川』が代表作である。

1944年の秋、住井すゑは「戦争には負ける」「降伏は遅くとも来年の初夏あたりだ」「天皇はラジオ放送で降伏を国民に告げる」「その後間もなく農地解放が行なわれる」と予言し、頭の固まっている男達は反論したが、その予言どおりに歴史が進行した。

・教育の要諦は「嘘を教えない、嘘をつかせないこと」。

・ものを書くのは40歳からだ。人間は一年増しに賢くなる。知恵は自分から生まれ出るものだ。

・定年制は資本主義の落とし子であり、それを認めるから老後になってしまう。人間の天職は人間であることであり、人間ひとすじに生きている場合は、人間という思想を持っているから、生涯、現役なのだ。

・自分の一生は一番よかったと、自分で思えるように、毎日を人間らしく精一杯生きていきたい。

・芸能の中で最高のものが落語。能や歌舞伎は権力の側についている太鼓持ち的な芸。

6歳、小学2年生のときに『古事記』を読んで、「いつか新古事記をかいてやる」と決意する。それから50年間、材料をあたためたため、55歳で夫が亡くなった後、56歳から書き出す。それが『橋のない川』になった。70歳過ぎまでの15〜16年間で5000枚の原稿になっている。

『橋のない川』は1部から7部まで刊行されたが、第8部は表題のみを残し作者のすゑが死去している。全編を通じて部落差別の理不尽さ並びに陰湿さが書かれており、水平社宣言をもって締めとしている。1969年〜1970年と1992年の2度にわたって映画化された。野坂昭如は「日本書紀も古事記もウソだということが、わかった。『橋のない川』が本当だ」と評価している。

天皇制批判であるから、書いているうちに殺されることも自覚していた住井すゑ本人は、2000年時点で500万部売れていた『橋のない川』は長い未来にわたって千万冊は売れると予言している。現在既に800万部を超えている。住井すゑは歴史を知る上で日本人には読む責任があると語っている。この予言もあたりそうだ。これは読まねばならない。

56歳からライフワークに本格的に取り組んだ住井すゑは、書くのが面白くて朝は寝ていられずに書きまくった。その時間が青春のときであった。長い準備期間を過ごした後に、創造の喜びを手にし、古事記にかわる歴史を完成させたのだ。その勇気と気概に敬服する。

林 雄二郎 95歳
（1916年7月27日〜2011年11月29日）

「情報化社会」

官僚、未来学者。

1940年東京工業大学卒。1942年に技術院に入職。戦後は経済安定本部、経済企画庁で長期計画に関わる。1959〜1960年にフランス留学。1965年、下河辺淳、宮崎勇らとともに「1985年の日本人のライフスタイルを検討する会議」で「林リポート」をまとめる。1967年、東京工業大学に社会工学科が新設される際に教授に就任。1971年、財団法人未来工学研究所所長。１９７４年にトヨタ財団設立時に専務理事に就任。１９８８年より１９９４年まで東京情報大学初代総長。１９９４年に日本財団の顧問に就任。日本フィランソロピー協会会長。２０１１年11月29日、老衰により死去。95歳。

１９６９年発刊の名著『情報化社会』の発行により、情報化社会という言葉が社会的に認知された。以下、この本のまとめ。

——情報とは意思決定に影響を及ぼす知らせである。情報化社会においては知識産業が主導的立場に立つ。コンピュータは人間の頭脳に非常に近い形（ＡＩ）で、そのままの形でパターン認識することが可能になるであろう。そういった社会では有効な無駄を常にソフトにセットしておくことが必要だ。日本は情報化社会における先駆者的な国として、21世紀を迎える前に世界の先達的な位置に立つであろう。いいことも悪いことも、世界の中で一番最初に日本の国民が経験する。直面する課題をうまく解けば、日本は名実ともに世界の最先進国になる。うまくいかなかった場合には、最先進国に近いような形をしていながら、一歩中にはいると、世界一ノイローゼの患者の多い国、世界一犯罪者の多い国、世界一欲求不満の満ち満ちている国、といったような、まことに奇妙な国になってしまうかもしれない。日本は他の先進国に範を求めず、自身の運命を切り開いていかねばならない。

この本で、林は未来学を提唱している。量的な側面と同時に質的な側面での予測を正確に行なえるような、新しい方法論の開発が必要だと主張。この議論に影響を与えた梅棹忠夫、加藤秀俊、小松左京、川添登らと結成する日本未来学会につながっていく。林は学会の会長も務めた。現在、私も日本未来学会の理事を拝命しており、「社会工学」を専門とした林雄二郎の影響を受けた人たちと動き始めたところだ。50年前に書かれた『情報化社会』の予言と警告は、今なお生きている。

大竹省二　95歳　（1920年5月15日〜2015年7月2日）

「（レンズの）クセを論じるのではなく、クセをどう作画にいかすかという一点に関心があるのである」

写真家。

中学生のころより『アサヒカメラ』などのカメラ雑誌に写真の投稿を始め、10代の後半には有望なアマチュアカメラマンとして著名になった。１９４０年中国上海在住の伯父を頼り渡航。上海の東亜同文書院に入学する。１９４２年応募した写真が農林大臣賞と読売新聞社賞を同時に受賞する。１９４４年軍報道部、憲兵司令部で報道写真を担当し北京大使館報道部付となる。１９４６年（昭和21年）には連合国軍総司令部（ＧＨＱ）報道部の嘱託となる。

人生のはじめから95歳で没するまで写真一筋に生きた人である。大竹の写真の対象は、人物中心で、とくに女優など女性のポートレート写真が多いのが特徴だ。女性写真の巨匠である。

クラシックカメラ選書37『大竹省二のレンズ観相学　距離計用レンズ編』（大竹省二）では、使用したカメラ、レンズの記述とともに、「積年の芸の重さに鍛えられた迫力」の山田五十鈴、「ホットした温かさを感じる」池内淳子、横から撮った浅丘ルリ子などの作品が掲載されている。気品のある柔らかさ、丸みのある解像力、繊細で雰囲気のある描写、軽快でシャープな切れ味と表現……。この書では、他に、「汗が滴るのを立ったまま、ジッとカメラを凝視」した「三船敏郎さん」、「はじらい」「茶碗酒」「スマイル」なども印象的だ。

「画家がいろいろな画筆や色材をいかして絵を描くように、レンズの持ち味を撮影にいかすことを心がけてきた。被写体と撮影距離、光線状態を選んで作画するのである」、そして「（レンズの）クセを論じるのではなく、クセをどう作画にいかすかという一点に関心があるのである」と「まえがき」で述べている。大竹省二は武器であったレンズのクセは、それぞれのレンズの持ち味とみなした。人にもそれぞれクセがある。それは長所や短所としてみるのではなく、一人ひとりの持ち味としてとらえよう。

第十一章

夭寿の人

小倉遊亀　１０５歳

（１８９５年３月１日～２０００年７月23日）

「私は自惚れまい。思い上がるまい」

日本画家。

奈良女子高等師範学校卒。１９２６年に院展に入選し、１９３２年に女性として初めて日本美術院の同人となった。色彩に富む人物画や静物画が特徴で、上村松園とともに日本を代表する女性画家である。１９７８年、文化功労者。１９８０年、上村松園についで女性画家として２人目の文化勲章を受章する。１９９０年から１９９６年まで日本美術院理事長を務めた。１０５歳で没。

『続 画室の中から』という、日記を読んだ。１９６８年から１９７３年までの６年間の日記である。小倉遊亀の73歳から78歳までの期間だ。私でいえば、高校を出て大学に入学し、卒業し、社会人になるまでの期間である。日記では後半は病気もし、健康面で問題が出てくる様子も描かれている。しかし、小倉は、その後も１９７３年から27年間も絵を描き続けたのである。

日記の中では、恩師の安田靫彦以外にも、多くの画家が登場する。そして知人の死の知らせも多い。「一期一会である。その時、その時を大切にしなければと、つくづく今思っている」

との述懐もある。めったに誉めない恩師から誉められた「舞妓」や、「舞う」などの美しい美人画が挿入されている。谷崎潤一郎の『細雪』の挿絵の一部もみることができる。

・絵画の行手は無窮だ。思わぬ方向に転開してゆくところにつきない興味があるというものだ。私のような老人も、出来るだけ受信機を敏感にしておかねばならぬ。若者のような柔軟な神経を保持することとつとめなくてはならぬ。

・私は自惚れまい。思い上がるまい。年をとることが、何かがストップすることでは困る。その努力は死んでも全力をあげなければならないことだと信じて、実行させていただいてきているのだ。

柔軟な心を保持し、自惚れて努力を怠ることなく、時間を大切に精進し、毎日とめどなく描き続ける、小倉遊亀の心根が迫ってくる日記だ。1972年、77歳時に「喜寿記念小倉遊亀展」での多くの人々との交流、1973年、78歳時には勲三等瑞宝章の連絡がある。この光栄を頂戴しなければ慢心だと思い受ける。そして宮内庁から紀宮の扇子とお守に装画を描けとのご用命に、「遊亀一世一代の栄誉である」と記している。その小倉遊亀は、83歳で文化功労者となり、85歳で文化勲章を受章する。そして95歳から101歳までの6年間を日本美術院理事長を務め、なんと104歳では個展をパリで開催している。

「絵は一生の大事業である。……時間というものをもっと大切にしなくちゃプロにはなれない」

「絵で一生やってゆこうとする者は……片時も心をはずすべからずである」

「消しては描き、消しては描き、下絵の紙に穴があく。紙を改める。描く、消す。とめどがないのをかみしめて、じっと我慢する」

自惚れず、想い上がらずに105歳まで生き切り老衰で逝去するまでの長い生涯には、作品と同様に実に見事なものだと感嘆するほかはない。

安藤太郎　１００歳

（１９１０年１月３日〜２０１０年５月９日）

「経営の一番のキーポイントは情報処理。情報が不的確だと明確な企業ポリシーはできてこない」

実業家。

安藤太郎は住友銀行常務時代に「都銀懇話会」で活躍した。当時の都市銀行の経営ビジョンは、富士銀行の松沢卓治常務（後の会長）、三菱銀行の黒川久専務（後の副頭取）と安藤の三羽烏だった。

安藤は１９７４年に副頭取から住友不動産社長に就任し、石油ショックで経営難に陥った同社を多角経営で立て直した。「三井や三菱の上になるには、新たにカネをつくる方法を考えなくてはいけないいんだよ」という考えだった。「浮利を追わず」という住友グループの方針から他の企業からの批判もあったが、物件ごとに市場から金を集めるというシステムを考案し、東京の都心の千代田、中央、港区の土地を買いまくる積極経営で、三井不動産、三菱地所と肩を並べるまでに押し上げた。この時代の財界・経営関係の雑誌では安藤はよく登場していた記憶がある。誕生日は私と同じなので気になる存在ではあった。

２００２年に完成した住友不動産の象徴ともいえる泉ガーデンタワーは地上45階、地下２階の高層ビルである。私がある大企業の営業部隊のコンサルタント的な仕事をしたとき、このビルの素晴らしいレストランで担当常務から御馳走になったことがある。このファシリティは安藤の仕事だったのだ。泉ガーデンには泉屋博古館分館があり、２０１０年に訪問した。住友家の旧蔵品を蒐集した京都の（財）泉屋博古館が、東京に分館を開設して広く鑑賞の機会をつくったのだ。住友コレクションとして世界的に有名な中国古代青銅器、そして明末清初の作品を中心とする中国絵画のコレクションは、住友家第十五代の住友吉左右衛門友純（春翠）が30年に亘って集めた蒐集品が根幹でそれらを堪能した。

安藤の積極経営の資源は「情報」だった。確度の高い情報を入手し、吟味し、明確なポリシーをつくりあげて、組織と集団に方向感を与えて戦いに勝利する。それは都銀懇話会でライバル銀行の俊秀との切磋琢磨で磨き上げ身につけたやり方だったのであろう。安藤太郎は、98歳で健康を害する２００８年まで住友不動産の相談役として過ごしている。自宅で、老衰で亡くなったのは、１００歳だった。

第十二章

スーパー・センテナリアン

大川ミサヲ　117歳

（1898年3月5日〜2015年4月1日）

「まああ幸せ」

長寿者。

19世紀、20世紀、21世紀の足掛け3世紀を生きた人。102歳のときに盆踊りの際に転倒し足を骨折したが、それ以外に大病を患ったことはない。110歳まで、車椅子を使わずに歩くことができた。116歳になった時点で、子が3人で2人90歳を越えて存命中。孫が4人、曾孫が6人。実家は呉服屋、ゴム製造会社を経営していた夫は1931年に亡くなっており、女手一つで3人の子を育てた。117歳で天寿を全う。

2013年、114歳のときにギネス社に女性の世界最高齢として認定され、その後、115歳になり、男女を通じた世界最高齢となっていた。アメリカの学術団体「ジェロントロジー・リサーチ・グループ」によって世界最高齢であると認定された。人類史上の長寿20位入りを果たした。

大阪の施設での115歳の日常を取材したサイトがある。「6時20分起床。7時55分食堂で朝食。黒糖ロール、ジャーマンポテト、メロンゼリー、牛乳。11時50分昼食。焼きそば、シューマイのあんかけ、中華スープ、塩昆布入りおかゆ、オレンジ。14時30分職員の介助で入浴。15時おやつ。砂糖、ミルク入りコーヒー、栗まんじゅう。17時50分夕食。カレイの煮物とぬたあえ、ご飯、みそ汁。18時40分支援者に贈る色紙にサイン。19時インタビューに答える。21時半個室で就寝」。充実した食生活を楽しんでいる姿がみえる。

大川ミサヲは長寿の秘訣を聞かれて、「美味しいものを食べること」「ゆっくり暮らすこと」「よく寝ること」をあげている。大川の日常そのままだ。19世紀末の明治から始まり、大正、昭和、戦後、平成、そして21世紀初頭までという気の遠くなるような117年の人生には、並大抵でない苦労があっただろうと推察される。人生を振り返って「まあまあ幸せ」と総括していることに安堵を覚える。平成末になって言われるようになった、迫り来る「人生100年時代」にも多くの人がこの言葉を吐けるようにしたいものだ。

長谷川チヨノ　115歳

「スーパー・センテナリアン」　（1896年11月20日〜2011年12月2日）

長寿者。長寿日本一であった女性。

佐賀県に在住し、2007年の時点で県内最高齢となった。2010年5月2日に日本国内最高齢の知念カマが114歳357日で死去し、113歳163日の長谷川が最高齢となった。2011年11月20日に115歳の誕生日を迎えた。日本人が115歳を迎えたのは、18年ぶり2人目のことである。同年12月2日、佐賀県基山町の老人ホームにて老衰のため115歳で死去。長谷川チヨノの逝去に伴い、男性世界最長寿者の木村次郎右衛門が日本最長寿者となり、大久保琴が女性の日本最長寿者となった。

長谷川チヨノが生まれた1896年11月20日時点では、小説家の樋口一葉、発明家のアルフレッド・ノーベルらがまだ存命中であった。この人は19世紀、20世紀、21世紀という3世紀を生きたことになる。現在存命中の確実に証拠がある世界最高齢者は日本の田中力子（1903年1月2日生）であり、2018年7月22日に都千代が死去したことに伴い、世界最高齢となった。

さて、話題の書『ライフシフト』を書いたリンダ・グラッソンは、最近、世界中で長寿化が進行する結果として、２００７生まれの子どもの50%が到達するであろう年齢を挙げている。ドイツ１０２歳、イギリス１０３歳、アメリカ・イタリア・フランス・カナダは１０４歳、そして日本は１０７歳とダントツだ。１００歳長寿を達成した人を日本では百寿者と呼ぶが、欧米では1世紀を生きた人という意味でセンテナリアンと呼ばれ尊敬される。このセンテナリアンの０・1%が１１０歳を超えるといわれ、スーパー・センテナリアンと呼ばれる。

「人生１００年時代」のかけ声の先にはセンテナリアンどころか、スーパー・センテナリアン社会が待っているのだ。

森 シノ　111歳

（1903年11月9日～2015年8月23日）

「最高齢女子アナミュージアム構想」

世界最高齢女子アナ。

2001年に開局した熊本県のインターネット放送局・天草テレビは、天草弁をしゃべるおばあちゃんを女子アナに起用している。初代のアヤちゃん（広田アヤ、1918～2004年、享年85）、二代目ツルちゃん（黒川ツルエ、1916～2012年、享年95）、三代目シノちゃん（森シノ、1903～2015年、享年111）と続き、四代目のふみちゃん（田尻冨美子）は「元気最高齢女子アナ」として活躍中で、パナソニックのCMで綾瀬はるかと共演したり、コーヒーの通販番組やNHKのドキュメンタリー番組「本当にあった幸せ物語」にも出演している。

この女子アナの番組はドイツ、韓国、フランス、そして中東のアルジャジーラでも紹介されている。東久邇宮記念賞なども受賞している。合併後の税金問題、水道料金20％アップ、健康保険料の上昇、介護保険4倍、そしてハコモノ批判、市長批判などを高齢アナが取り上げているのには驚いた。「ほのぼの」「シュール」などの視聴者の声も文字で流れている。批判精神が旺盛なジャーナリズムだと感心した。そして地元の方言をしゃべるおばあちゃんをアナに起用するなど、このテレビの企画力は素晴らしい。

２００８年の麻生総理との対談・インタビュー番組をユーチューブでみた。森シノ１０６歳、黒川ツルエ92歳、そして麻生総理は68歳だ。超難聴の森シノには80歳の息子が付き添って通訳。総理からは、高齢でも元気に働くことはいいことだ、65歳上の85％は元気だ、などの発言があった。また、天草四郎に関する施設などキリシタン遺跡という資源を活用するために、イタリア語などの標識を使って観光面でアピールしたらいいとの具体的な提案もなされている。

森シノは１０２歳でデビューし、長く現役を務め、２０１５年に老衰で亡くなった。単なる長生きということではなく、森シノのように１００歳を超えて現役でいる人の実際の姿は人々に勇気を与える。

２０１６年に天草テレビは廃校や古民家を使った「最高齢女子アナミュージアム」構想を発表し、クラウドファンディングでの募金を発表している。これが実現すれば、新たな観光資源となるだろう。実に面白い。

あとがき

２０１６年に話題になった内館牧子『終わった人』（講談社）を読んだ。主人公は私と同い年の団塊世代の設定である。盛岡の名門高校から東大に進み、国内トップのメガバンクに就職する。大卒男子２００名の中でトップを争うが、ライバルに敗れ49歳で小さな子会社に飛ばされ、51歳で転籍となる。63歳でその子会社の専務で定年となるが、そのシーンから物語は始まる。その後の66歳までの歳月を描いた傑作だ。

「毎日が日曜日」になって、ジムに通ったり、カルチャーセンターに顔を出したり、大学院に入ろうとしたりする。そういう生活に耐えられなくて仕事を探すが「経歴がリッパすぎて」うまくいかない。途中でずいぶんと年の離れた女性との恋愛もどき、もある。頼まれてＩＴ企業の顧問を経て社長になるが、倒産の憂き目に遭い、個人の金融資産のほとんどを失ってしまう。結局、起業をしようとしていた妻とはおかしくなる。それを救ったのは「故郷」だ。友人たち、お袋、自然……。最終場面で、郷里の自宅で89歳のお袋が主人公に、何歳になったのかと尋ねるシーンがある。「俺は66だ」と答えると、お袋は「66か、良塩梅な年頃だな。これからなってもできるべよ」と答えを返してくる。「終わった人」どころか、「明日がある人」なのだ。「終わった人」は、実は今からの人であった、という救いのある物語だった。

この主人公のお袋と同い年で九州に一人住む92歳の私の母も、「60代、70代は若いよ、いいよ」といつも言っているのを思い出した。母も熟年期の最後にあり、これから大人期を生きる人なのだ。

内舘牧子はこの書をすべての読者の遙に仰ぐ故郷の山河に捧ぐとしているが、成仏できないでいる団塊世代を中心に大きな影響を与える本だ。最近会う友人たちに『終わった人』を薦めると、イヤな顔をする。とにかく読んでみたらと言っているが、読んだだろうか。

私も2020年1月に70歳となった。いわゆる古稀である。昨年の夏から秋にかけて、中学、高校の古稀同窓会があり、懐かしい人たちと再会した。10年前の高校の還暦同窓会では、現役引退前後の人が多く、今「終わった人」感にあふれていた。まだ余熱があった。現在完了形の同窓会だった。

10年後の今回は、「終わった人」感が増していた。古稀とは中国の唐時代の詩人・杜甫の「酒債は尋常幾処に有り　人生七十古来稀なり」が出典だ。酒代の付けはいたるところにあるが、70歳まで生きた人は昔から稀である。孔子と同様にここでも中国の影響がある。今は稀でも何でもない、それなのに古稀という言葉に圧迫されて将来の可能性を自ら摘み取っているのではないだろうか。

そういえば、50歳あたりで開いた中学の同窓会では仙台という一番遠方から駆けつけたということで挨拶を頼まれた。この時には「人生80年時代」をテーマとした簡単な挨拶をした記憶がある。今回の中学同窓会でも挨拶をする羽目になり、「人生１００年時代」を話題にした短い挨拶をした。この20年で人生が20年延びているのだ。これには自分でも驚いてしまった。

本書『人生遅咲きの時代　ニッポン長寿者列伝』で紹介した人たちは、ほとんどの人が90代半ばから１１２歳までの、「大人期」まで活躍した人である。『終わった人』の主人公が66歳から新たな道を歩こうとするのだが、それから実年期、熟年期があり、短くても30年、長い場合は50年近くの人生が待っていることになる。この本で紹介した人たちは、誰も自分を「終わった人」とは考えていない。余生などという言葉はとんでもないという人たちだ。こういう人生１００年時代のモデルには読者も励まされたのではないか。私自身、この本を書きながら、勇気が湧いてくるのを感じていた。

内村鑑三は『後世への最大遺物』という書（講演録）で、人は人生で「何を遺すか」という問いを発している。そして、金を遺すか、事業を遺すか、思想を遺すかといい、いずれも才能が必要であり、そうでない人は、「高尚なる生涯」を遺せといった。真面目なる生涯を送り、あの人は偉かったという印象と影響を周りに人に与えることがいいという結論であった。

「最大遺物とは何であるか。……人間が後世に遺すことのできる、ソウして誰にも遺すことのできるところの遺物で、利益ばかりあって害のない遺物がある。それは何であるか。それは「勇ましい高尚なる生涯」であると思います。」「私はまだ一つ遺すものを持っています。何であるかというと、私の思想です。……私は青年を薫陶して私の思想を若い人に注いで、そうしてその人をして私の事業をなさしめることができる。……著述をするということと学生を教えるということであります。」「……来年またふたたびどこかでお目にかかるときまでには少なくとも幾何の遺物を貯えておきたい。……この心掛けをもってわれわれが毎年毎日進みましたならば、われわれの生涯はけっして五十年や六十年の生涯にはあらずして、実に水の辺に植えたる樹のようなもので、だんだんと芽を萌き枝を生じてゆくものであると思います。」「アノ人はこの世に活きているあいだは真面目なる生涯を送った人であるといわれるだけのことを後世の人に遺したいと思います。」

さて、この本で紹介した「大人期」まで生きた人たちは、「終わった人」とは思わなかった人たちだ。「終わらざる人々」である。私たちも後に続く世代、後輩たちに参考になるような生き方をしたいものだ。人生の後半は、余生ではない。人生の本番である。

2020年2月

久恒啓一

参考文献

金原まさ子『あら、もう 102 歳 俳人 金原まさ子の、ふしぎでゆかいな生き方』草思社.
柴田トヨ『百歳』飛鳥新社.
黒田杏子『語る 兜太 わが俳句人生』岩波書店.
黒田杏子『金子兜太 養生訓』白水社.
金子兜太『荒凡夫 一茶』白水社.
宇野千代『生きていく私』角川文庫.
塩月弥栄子『塩月弥栄子 95 歳 思いのままに生きなさい』小学館.
小森和子『流れるままに、愛』集英社文庫.
大野一雄、大野一雄舞踏研究所『大野一雄―稽古の言葉』フィルムアート社.
高木東六『高木東六―愛の夜想曲 人間の記録』日本図書センター.
前坂俊之『百寿者百語 生き方上手の生活法』海竜者.
橋本武『100 歳からの幸福論 伝説の灘校教師が語る奇跡の人生哲学』牧野出版.
佐藤忠良『つぶれた帽子』中公文庫.
城山三郎『部長の大晩年』新潮文庫.
芹沢光治良『芹沢光治良 戦中戦後日記』勉誠出版.
川島勝『井伏鱒二 サヨナラダケガ人生』文藝春秋.
小林ハル・川野楠己『最後の瞽女 小林ハル 光を求めた一〇五歳』ＮＨＫ出版.
石井桃子『ノンちゃん雲に乗る』福音館書店.
笹島信義『おれたちは地球の開拓者―トンネル 1200 本をつくった男』ベストブック.
ドナルド・キーン・角地幸男『渡辺崋山』新潮社.
王馬熙純『ＮＨＫ中国風きょうの料理』ＮＨＫ出版.
安藤百福発明記念館『転んでもただでは起きるな！―定本・安藤百福』中央公論新社.

参考文献

笹崎龍雄『とことん人生九六年』サイボク文庫.
木下是雄『理科系の作文技術』中央公論新社.
近藤康男『七十歳からの人生』農山漁村文化協会.
エーリッヒ・フロム・日高六郎(訳)『自由からの逃走』東京創元新社.
鈴木俊一『官を生きる 鈴木俊一回顧録』都市出版.
大河原良雄『オーラルヒストリー 日米外交』ジャパンタイムズ.
大村はま『新編・教えるということ』筑摩書房.
山田五十鈴『山田五十鈴―映画とともに 人間の記録』日本図書センター.
中川牧三・河合隼雄『101 歳の人生をきく』講談社.
島田正吾『随筆 ひとり芝居』三月書房.
寺田一清『森信三 一日一語』致知出版社.
綾野まさる『きんさんぎんさんの百歳まで生きんしゃい』小学館.
棚橋千里・室生昇『きんさんぎんさんが丈夫で長生きできたワケ』あけび書房.
日野原重明『思うままに生きる―100 歳の言葉』ＰＨＰ.
村田慶之輔、森村泰昌、中ザワヒデキ、五十嵐太郎、財団法人流財団『流政之作品論集』美術出版社.
塩谷信男『100 歳だからこそ、伝えたいこと』サンマーク出版.
橋本武『100 歳からの幸福論 伝説の灘校教師が語る奇跡の人生哲学』牧野出版.
三笠宮崇仁『古代オリエント史と私』学生社.
横田喜三郎『世界と共に歩む』読売新聞社.
工藤美代子『悪名の棺 笹川良一伝』幻冬社.
松原泰道『人生を癒す百歳の禅語』致知出版社.
林雄二郎『情報化社会』講談社.
大竹省二『大竹省二のレンズ観相学』朝日ソノラマ.
小倉遊亀『続 画室の中から』中央公論美術出版.

編著者紹介

久恒啓一（ひさつね・けいいち）

多摩大学特任教授。多摩大学総合研究所長。NPO 法人知的生産の技術研究会理事長。1950 年大分県中津市生まれ。九州大学法学部卒業後、1973 年日本航空入社。労務担当を経て、広報課長、サービス委員会事務局次長を歴任。在職時から「知的生産の技術」研究会で活動し、「図解コミュニケーション」の理論と技術を開発し、1990 年に『図解の技術』（日本実業出版）を刊行。それがきっかけとなり、1997 年日航を早期退職し、新設の県立宮城大学教授（事業構想学部）に就任。2008 年多摩大学教授、2012 年経営情報学部長、2015 年副学長、2019 年より現職。2005 年から始めた「人物記念館の旅」は、もう一つのライフワークとなり、900 館を突破。

『図で考える人は仕事ができる』（日本経済新聞社）、『図解で身につく！ドラッカー理論』（中経出版）、『遅咲き偉人伝』（PHP）、『100 年人生の生き方死に方』（さくら舎）、『心を成長させる名経営者の言葉』（日本実業出版社）、『偉人の命日 366 名言集』、『偉人の誕生日 366 名言集』、『平成時代の 366 名言集』、監修『女流歌人が詠み解く！ 万葉歌の世界』（以上、日本地域社会研究所）など、著書は 100 冊を超える。

人生遅咲き（じんせいおそざ）きの時代（じだい）

2020 年 3 月 16 日　第 1 刷発行

編著者　久恒啓一（ひさつねけいいち）
発行者　落合英秋
発行所　株式会社 日本地域社会研究所
〒 167-0043　東京都杉並区上荻 1-25-1
TEL（03）5397-1231（代表）
FAX（03）5397-1237
メールアドレス tps@n-chiken.com
ホームページ http://www.n-chiken.com
郵便振替口座 00150-1-41143
印刷所　中央精版印刷株式会社

ISBN978-4-89022-258-2

日本地域社会研究所の好評図書

中本繁実著…発想のヒントから企業への売り込み・商品化までを発明学会会長が丁寧に解説してくれるビジネス書。出願書類の書き方はもちろん、そのまま使える見本・練習用紙付き。町の発明家が億万長者に大化けするかも…。

完全マニュアル！ 発明・特許ビジネス

A5判236頁／2200円

玉木賢明著…過疎化や高齢化などで全国的に増える空き家。地域の資源として有効に使い、手入れ・再生・復活するために専門の弁護士が法律問題だけでなく、先進事例や新しい取り組みなども紹介。行政や企業、地主・家主などの必読・必備書！

空き家対策の処方箋 利・活用で地域・都市は甦る！

46判155頁／1680円

桜庭昇著／一般社団法人ザ・コミュニティ編…山菜採り・無農薬の自家菜園づくり30年の経験から、みんなの健康づくりにも役立つ本物の情報をおしみなく紹介！　農と食の王国シリーズ第3弾！

おいしい山野菜の王国 ～自然な山野菜の薬効成分と採り方・育て方・食べ方～

46判110頁／1000円

高島豊蔵著／白濱洋征監修…理想の幼児教育を求めて、102歳で亡くなるまで生涯現役を貫いた園長先生の魂の記録。生きるとは、教育とは、戦争とは、学ぶとは何かを考えさせられる啓蒙の書。

高島豊蔵自伝 北海道の子どもたちの夢と希望をひらいた真の教育者

46判153頁／1300円

三浦清一郎著…高齢になっても、独りになっても、老いに負けず、世間から取り残されず、生きがいをもって充実した楽しい人生を送るための指南書！

老いてひとりを生き抜く！ ～暮らしに負けず、自分に負けず、世間に負けず～

46判174頁／1480円

遠藤伸一著／一般社団法人発明学会監修…「アイデア」で数千万円の収入も夢じゃない！商品製作の基本や失敗しない商品開発、奇想天外な販路戦略など、ためになるオトク情報が盛りだくさん。発明は楽しいを実感できるうれしい1冊！

あなたの「アイデア」商品がお店に並びます！ 頭の体操！発明は楽しい

46判201頁／1700円

日本地域社会研究所の好評図書

海藻王国 海の幸「海菜」をベースとした日本独自の食文化を味わう

鈴木克也ほか著／エコハ出版編…山の幸である「山菜」と対置して「海菜」と呼ぶことができる海藻。日本人は、海藻を重要な食資源として趣きのある食文化を形成し、深めてきた。美容と健康のために大いに海藻を食べようと呼びかける話題の書！

A5判193頁／1852円

クレーム図解法を使った特許出願書類作成の極意を教えます 発明・特許の悩みをすべて解決！

大浦昌久著／一般社団法人発明学会監修…発明相談年間500件をこなす著者が、出願書類作成のすべての悩みを解決してくれる1冊。夢と志と、やる気・根気・本気があればヒット商品開発者になれる。理工系大学でも使用される最新の方法を収録。

A5判172頁／2000円

昭和維新人のつぶやき ニッポンの戦前・戦中・戦後を顧みて

榎本眞著…多感な少年時代を戦争へと向かうゆがんだ教育によりすごし、国のあり方も思想も生活環境も大きく様変わりする時代を生きた昭和維新人の証言&遺言。激動の時代を生き抜いた昭和ヒトケタ世代が後世に伝えたいこととは……。

46判111頁／1200円

「学びの縁」によるコミュニティの創造 市民による市民のための生涯教育システムづくり

三浦清一郎著…行政主導ではない市民主導型の画期的な相互学習システムを実践して30年。宗像市民の自主運営でまかなわれる「学習システム」は、市民に学び教え合う喜びと生きがい、住民交流を生み出した。地域活性化にも貢献した取り組みを紹介。

46判129頁／1440円

古典を学ぶ！日本人のこころと自然観 山川草木鳥獣虫魚の世界に遊ぶ

菊田守著…幼少期の思い出を絵で描くように詩にあらわす。その原点となった言葉、出来事を思い起こし、詩とは切り離すことができない著者の人生を振り返った心温まる本！

46判262頁／2500円

ユーモア力の時代 日常生活をもっと笑うために

瀬沼文彰著…これからの時代に必須となるユーモアを分析し、効果の大きさと影響力を示す。笑いあふれる人生を送るため、誰でもできるユーモア力アップの方法と技術を具体的に紹介した1冊。

A5判276頁／2400円

日本地域社会研究所の好評図書

脱・価格競争で売れ。

堀田周郎著…今だから話せる〝播州ハムブランド〟の誕生秘話。ロゴマークの作り方、マスコミの利用法など、実践的なアドバンテージ・マーケティングを解説。ブランディングとは小さな会社ほど簡単で、一歩抜け出すための最適な方法の構築を説く。

46判186頁／1700円

失われたバラ園

文・はかたたん／絵・さわだまり…福島県双葉町に「双葉バラ園」はありました。17歳の時、街角に咲く真紅のバラに感動した岡田勝秀さんが丹精込めて作り上げたバラ園です。でも、東日本大震災で立ち入り禁止になり、もう訪れることはできないのです。

B5判上製32頁／1400円

偉人の誕生日366名言集 ～人生が豊かになる一日一言～

久恒啓一編著…実業家・作家・政治家・科学者など古今東西の偉人たちはどう生きたのか。名言から、いい生き方や人生哲学を学ぶ。うるう日を含めた1年366日そばに置きたい座右の書！

46判550頁／3500円

77のことわざで学ぶ安全心得 油断大敵、安全第一

黒島敏彦著…偶然ではなく必然で起こる事故。ことわざには、日常にひそむ危険から身を守り、予防するためのヒントがある。現場や朝礼でも使える安全心得をわかりやすく教えてくれる1冊。きっと役に立つ安全マニュアル！

46判208頁／1800円

企業が求める発明・アイデアがよくわかる本 夢をお金に変える方法を教えます！

中本繁実著…どうすれば小さな発想や思いつきが大きな成功へとむすびつくのか。発明の極意とは？　夢と志があればヒット商品開発者になれる。アイデアを企業に商品化してもらうための方法を説く。

46判229頁／1800円

おんがくかい

絵と文／きむらしょうへい…とうとう世界が平和になったことをお祝いする音楽会が、ルセール国で始まりました。さまざまな動物たちが、ちきゅう音楽を奏でます。音楽が聞こえてくるような楽しい絵本。

B5判上製30頁／1500円

日本地域社会研究所の好評図書

山口県のド田舎から世界へ 元外交官の回顧録

國安正昭著…外国人など見たこともない少年時代を経て、東大から外務省へ。大臣官房外務参事官、審議官、スリランカやポルトガルの特命全権大使などを歴任。そこで得た歴史的な経験と幅広い交友を通じて、日本と日本外交の進むべき道を探る。

46判156頁／1400円

キクイモ王国 地方の時代を拓く食のルネサンス

みんなのキクイモ研究会編…菊芋の栄養と味にほれ込み、多くの人に食べてほしいと願う生産者の情熱。それを応援しようと地元の大学や企業が立ち上がる！　人のカラダのみならず、地域も元気にする「キクイモ」のすべてをわかりやすく解説。

A5判152頁／1250円

チャンスをつかみとれ！ 人生を変える14の物語

大澤史伸著…世の中で困難にであったとき、屈するのか、ピンチをチャンスに変えることができるのか。その極意を聖書の物語から読み解く。他人任せの人生ではなく、自分の道を歩むために役立つ本。人生成功のヒントは聖書にある！

46判116頁／1250円

庶民派弁護士が読み解く 法律の生まれ方

玉木賢明著…なぜ法律は必要なのか。社会は法律によって守られているのか。社会を守る法律も、使い方次第で、完全ではない。悪しき制度・法令がなぜ簡単にできてしまうのか。日本人のアイデンティティの意識の低さを鋭く指摘する啓蒙書！

46判117頁／1250円

誰でも書ける！「発明・研究・技術」小論文の書き方 成功・出世するノウハウを教えます

中本繁実著…どんなに素晴らしいアイデアや技術、人材もそれを言葉と文章で伝えられなければ採用されません。今まで何万件もの発明出願書類を添削してきた著者が、その極意と技術を教えてくれる。発明家、技術者、理系の学生など必読の書！

A5判200頁／1800円

やさしい改善・提案活動のアイデアの出し方 世の中で成功・出世するために

中本繁実著…アタマをやわらかくすると人生が楽しくなる。ヒラメキやアイデアの出し方から提案の仕方まで、チェックリスト付きですぐに使える発明・アイデアを入賞に導くための本！

A5判192頁／1800円